仙波千枝

良妻賢母の世界

近代日本女性史

慶友社

目次

〔凡例〕

1．ひらがな・カタカナは原文通りとしたが、原文に濁点が付されていない場合には記入した。合わせ字はひらいて記した（例　ヿ→こと）。

2．ひらがなの繰り返しは「ゝ」（濁音の場合は「ゞ」）、カタカナの繰り返しは「ヽ」（濁音の場合は「ヾ」）に統一した。「々」「〱」などは原文通りとした。

3．引用した資料に付されているルビは、原資料に付されているもののうち、本書に必要であると筆者が判断したもののみを記入したものである。傍点等は省略した。

4．雑誌の記事名等について、目次と本文とで異なっている場合は本文の記事名を採用した。

5．写真・図版等は所蔵先等の許諾を得て使用し、所蔵先を資料毎に記した。東京大学法学部附属明治新聞雑誌文庫所蔵資料は、明治文庫所蔵とした。博文館の刊行物は、㈱博文館新社協力のうえ使用した。

序　章　「良妻賢母」とは何か

本書の目的と視座

近代日本において、女は「良妻賢母」たることが期待されたと言われている。「良妻賢母」とは、女子教育が理想とする女を表すために明治初期より用いられた語の一つで、明治三四（一九〇一）年に文部大臣に就任した菊池大麓によって定着した。[1] そして「良妻賢母」という規範の影響力は女子教育を受けることがなかった女にも広く及んだため、「良妻賢母」は近代日本における理想の女を表す語となったのである。日本が近代社会を形成するうえで、女は「良妻賢母」という役割を課されることによりその一員として位置づけられたのであり、「良妻賢母」は女を近代日本の一員たらしめる語であったと言える。

「良妻賢母」をめぐる従来の研究は、国家がいかなる「良妻賢母」を望んでいたかを明らかにし、規範としての「良妻賢母」像を問うことをめざしていた。深谷昌志『良妻賢母主義の教育』（黎明書房　昭和四一年）は「良妻賢母主義教育の、思想としての形成過程」を明らかにすることを目的とし、[2] 小山静子『良妻賢母という規範』（勁草書房　平成三年）は序において「考察すべきは、まず最初に国家の側がどういう思想を築いていったか」であると述べ、「規範としての良妻賢母思想の解明に力を注いだ」ため「良妻賢母思想が現実の社会においてどのように受け止められ、機能していったのか、女たちがそれをどのように受容あるいは拒否したかといった、いわば規範と実態との関連づけは十分に行っていない」とあらかじめ問題を限定して論を展開している。[3] そのため、女が「良妻賢母」たれという課題をどのように受け止め、いかなる「良妻賢母」たらんとしたのかについては明らかにされていないのである。なお小山は、「家事使用人を抱えた家族にあって、舅姑と同居し、夫や舅姑に従順につかえ、子を育て、教育し、家政を管理できる女性、家事・育児が国家・社会の基礎であることを認識し、国民としての自覚を持ち合わせた女性、万一の場合に備えて職業能力をも培っている女性が、最大公約数的な良妻賢母像」であると述べているが、(4)このような境遇にある女はごく一部でしかなく、多くの女にとって規範たり得る「良妻賢母像」であったとは言えない。

また「良妻賢母」という語は、女を抑圧するイデオロギーととらえられてきたものでもある。脇田晴子ほか編『日本女性史』（吉川弘文館　昭和六二年）で「女性に対してなされる中等教育の目標が『良妻賢母』養成ということに限定されたこと、したがって女性の生き方としては人の妻となり母となることがすべてであり、妻や母にならない生き方は一般に異端者として扱われた」と述べられているように、(5)「良妻賢母」という規範は女の言動や生き方を制限すると考えられてきた。そのため妻・母たることを拒否した女の足跡を「解放」の証として評価することに終始し、「良妻賢母」たれという課題を受け止め「良妻賢母」として自己実現を図らんと真摯に生きた女が評価されることはなかったのである。また産業化が進展する中で定着してきた性別役割分業において、女の役割が「良妻賢母」として家庭を担うことであると位置づけられたことは「女性を家内に閉じ込める」とされ、(6)「良妻賢母」という女は「従順」「忍耐」などの語を以て語られてきた。(7)しかし「良妻賢母」に対するこのようなイメージは、近代社会を築くという課題を己のものとして受け止めた女を評価するものではない。

本書は、「良妻賢母」たれと求められる中で生きる場を築き自己実現を果たそうとした女の多様な営みを描き出すことを目的とする。既成の「良妻賢母」のイメージにとらわれずに女のさまざまな営みを描き出し、明治という時代を生きた女の姿を明らかにしていきたいと考えている。

日本が近代社会を築いていくうえで女はいかにあるべきか、何をなすべきかという模索は、明治初期よりなされていた。明治七（一八七四）年に同人社女学校を開校し、翌八年一一月に開校した女子師範学校では摂理を勤めた中村正直が、「善良ナル母ヲ造ル説」（『明六雑誌』第三三号　明治八年三月六日）で「善良ナル母」の必要性を論じその育成のために女子教育の必要性を説いたことは、女に関する議論の端緒として位置づけることができる。そして女のあり方を模索するという試みは、明治一〇年代後半に『女学新誌』など「女学」を冠した雑誌が登場したことにより活発化した。その背景には、産業・宗教などさまざまな分野において欧米諸国からいかに学び取り入れるかを模索しさまざまな「改良」が提起される中で、日本が文明国たるには女も「改良」しなければならないと認識されるようになったことがあった。博文館を創業し『日本之女学』などを世に送った大橋佐平（天保六年一二月二二日〜明治三四年一一月三日、『日本之女学』創刊時五三歳）や『女学雑誌』を創刊した巌本善治（文久三年六月一五日〜昭和一七年一〇月六日、創刊時二三歳）ら明治維新を経験した人々は、このような中で「女学」の雑誌を世に送り女はいかにあるべきかを模索したのである。なお『女学雑誌』を主宰した巌本善治が自らを「女学士」と称したように[8]、ここで女について議論したのは文明国の実現をめざしていた男が中心であった[9]。

「女学」の雑誌の読者世代で欧化主義の時代の女子教育を経験した塚本ハマ（慶応二年六月二〇日〜昭和一六年六月三〇日）や安井てつ（明治三年二月二三日〜昭和二〇年一二月二日）は、明治三〇年代に女子教育の振興が図られる中では、教壇に立つだけでなく雑誌などにおいて女は何をなしいかにあるべきかを説き広く影響力を及ぼした。塚本らのこのような働きは、女のあり方が男により示されていたのが女が自ら論じるようになったことを表している。明治三〇年代に高等女学校で学んだ平塚明（明治一九年二月一〇日〜昭和四六年五月二四日）や青山菊栄（明治二三年一一月三日〜昭和五五年一一月二日）は塚本らの教え子の世代にあたり、東京で育ち女子教育の隆盛が図られるという時代の恩恵を受けた高等女学校令の申し子ともよべる存在で、大正期以降に主に評論の分野で女のあり方を提示する役割を果たした。

一方女子教育の普及とともに発展してきた雑誌は、地方に住み学校へ行くことができない者にとり知識や友を得る場であり、投稿や投書が掲載され読者から賞讃される栄誉は学校へ行くことができないことや地方に住んでいることによる疎外感や劣等感を癒した。そして自らの日常の営みの様や思いを綴り投稿するという行為がさかんになる中で、女は自らの手で理想像を描き出すようになったのである。このような女の営みは、社会や日常生活の変化に加え、教育を受けたり職業に従事したりという従来はなかった途を選ぶ女が増加して「女大学」など言動の規範とされてきたものが無化される中で、己はどうすべきかを主体的に模索するものであった。そして雑誌の読者は、投稿や投書を読みその世界を共有する中で自らの道標となるものを見出していったのである。雑誌におけるこのような営みは、識者が示した規範に従うことから、女が自ら生き方を描き出すようになったことを意味する。

『文章世界』『女子文壇』への投稿で活躍した水野仙子（明治二一年一二月三日〜大正八年五月三一日）や『女学世界』で人気を得た内藤千代子（明治二六年一二月九日〜大正一四年三月二三日）は、地方で育ち高等女学校の教育が受けられないという境遇の中で雑誌への投稿を重ねて自らの世界を築き、それが認められることにより世に出た者である。この時期、大塚楠緒子（明治八年八月九日〜四三年一一月九日）や与謝野晶子（明治一一年一二月七日〜昭和一七年五月二九日）が文学や評論の分野で活躍していたが、雑誌に投稿する読者の中から頭角を現した内藤や水野は既に作家としての地位を確立していた大塚らとは異なる魅力を持ち、多くの読者と同様の境遇の中から語られるその世界は等身大の女の声として親近感を以て受け止められたのであった。

本書では、大日本帝国憲法が発布される前に文明国の建設をめざして男が女について議論していたのが、日清・日露戦争を経て帝国日本として歩み始める中で女が自ら理想像を描き出すようになったという変化をふまえ、「良妻賢母」という規範の中で生きた女の多様な姿を描いていく。抑圧・疎外された存在ではなく、時代の子として自らの足で歩もうとした女の姿を、明治を生きた女の言葉を以て再現していくことを本書の使命と考えている。また「良妻賢母」という女の具体的な言動についても明らかにしていきたい。なお本書では、女を家庭の担い手としてとらえていること、「良妻」と「賢母」のうち「良妻」に関する記述が過半を占めていることをあらかじめお断りしておく。

構成と概観

第一章では、文明国をめざしてさまざまな分野で「改良」が試みられる中で、女も「改良」すべきであるとして展開された「女学」に着目し、明治一〇年代以降に登場した「女学」の雑誌を検討していく。「女学」の雑誌では、女をめぐる伝統的な規範や教育・躾などをいかに生かし、欧米諸国から何をどう学ぶべきかが論じられており、それぞれの雑誌に特徴を見出すことができる。ここでは個々の「女学」の雑誌の特徴をとらえながら、文明化のためにいかなる「女学」を構築し、女のあり方をどのように示したのかを明らかにしていく。

第二章では、女子教育においてどのような女を育成することが企図されていたのかを明らかにしていく。従来女子教育については日本女子大学校など一部の私立学校や各道府県に設置された高等女学校がとりあげられることが多かったが、本書では各種学校や実業教育機関・裁縫女学校などを広く女の学びの場ととらえ、まずこれらの女子教育機関で学ぶ女の多くが生活の場とした寄宿舎の日常生活を検討する。また初等教育を修了した女の多くが学んだ裁縫女学校や実業教育機関である女子職業学校をとりあげ、女は何を学び、どのような女となることが期待されていたのかを明らかにしていく。女子教育の目的が「良妻賢母」の育成とされていたことは先に述べた通りであるが、まずは女の学びのあり様をとらえ、そこで何がめざされていたのかを明確にすることから論じていきたいと考えている。

第三章では、女が社会の基礎たる家庭の担い手と位置づけられていたことをふまえ、その役割をどのように全うすることが期待されていたのかを明らかにしていく。まず、家庭の象徴的な光景とされた「一家団欒」をめぐる問題をとりあげることにより、家庭を担うという役割の意義づけをしていく。ついでその役割を全うするために生活の糧を得るという働きが不可欠であったことをとらえ、女はその役割をどう果たすことが期待されていたのかを明らかにしていく。またこれらの役割を担うことが、女にとっていかなる意味を持つものであったのかについても言及していきたい。

第四章では、雑誌の読者が投稿や投書において女のあり方を描き出すようになった風潮をとらえ、そこで示された内容から女にとっての理想像を描き出していく。まず雑誌を読み投稿・投書するという営みが女にとってどのような意味を持つものであったのかを明らかにし、女が自ら理想像を描き出すことの意義づけをする。そして『女学世界』の投稿作品をもとに、女がどのように生活の場を築きいかなる内実を備えた「良妻賢母」たらんとしていたのかを論じていく。

本書では、雑誌を主な資料として用いる。雑誌を資料とする研究は、従来は編集者や主な執筆者の記事を検討するという方法が多くとられてきた(10)。識者が書いた記事を資料とし読者をどのように啓蒙しようとしたのかを読み取ることは、雑誌の性格を明らかにするうえでは有効であるが、読者がその世界をどう受け止めていたのかを知ることには限界がある（多くの雑誌には読者からの投書欄が設けられており、読者の考え方の一端を知ることはできる）。また雑誌の投書欄をとりあげている従来の研究では(11)、投稿や投書は空想と情緒に満ちた世界と位置づけられているにすぎない。

確かに、読者が投稿や投書の中で語っている境遇や心情が真実であることを証明することは難しく、また筆名が多く用いられているため執筆者が女であることを確定できないものもある。しかし、雑誌への投稿・投書が女にとって自己解放・自己実現の機会であったことをふまえて友や生きる場を求めて雑誌を購読し投稿・投書した行為に込めた思いを読み取り、そこで描き出した世界から女がいかに生きようとしたかを読み取ることは可能であると考えている。本書では、女が筆を執り投稿・投書することに込めた志を丁寧に読み取り、そこで提示された女の姿を再現しながら論を進めていく。

註

（1）中嶌邦「女子教育の体制化―良妻賢母主義教育の成立とその評価」『講座日本教育史』第三巻　第一法規出版　昭和五九年　一一二頁。
（2）深谷昌志『良妻賢母主義の教育』黎明書房　昭和四一年（教育名著選集②　黎明書房　平成一〇年　一六頁）。
（3）小山静子『良妻賢母という規範』勁草書房　平成三年　八～九頁。
（4）『良妻賢母という規範』　二一〇頁。
（5）脇田晴子ほか編『日本女性史』吉川弘文館　昭和六二年　二〇九頁。
（6）牟田和恵『戦略としての家族―近代日本の国民国家形成と女性』新曜社　平成八年　一一八頁。
（7）『戦略としての家族』　六七頁。
（8）「女学の解（社説）」『女学雑誌』第一一一号　明治二一年五月二六日。
（9）『女学雑誌』は「女子生ハ当分入塾ヲ許サズ」を謳っている私立東京唱歌専門学校の生徒募集広告を掲載しており（第一四二号明治二一年一二月二九日）、男の読者を想定していたことを示している。「女学」の雑誌は、文明化への使命感を持つ男と、「女学」により自らを変えようとする女に読まれていたのである。
（10）野辺地清江『女性解放思想の源流―巌本善治と『女学雑誌』』（校倉書房　昭和五九年）・『婦女新聞』を読む会編著『『婦女新聞』と女性の近代』（不二出版　平成九年）・同志社大学人文科学研究所編『『新人』『新女界』の研究―二〇世紀初頭キリスト教ジャーナリズム』（人文書院　平成一一年）などがある（明治期に刊行されていた雑誌に関する分のみ）。
（11）川村邦光『オトメの祈り』（紀伊国屋書店　平成五年）・『オトメの身体』（紀伊国屋書店　平成六年）などがある（明治期に刊行されていた雑誌に関する分のみ）。

第一章　「女学」の雑誌の登場

第一節　「婦女改良」——欧化主義の時代に

「女学」とは

明治一七年六月一五日に修正社から『女学新誌』が創刊されたのを皮切りに、「女学」の雑誌が相次いで誕生した。明治一八年七月二〇日に巌本善治が創刊した『女学雑誌』は、刊行三年目の明治二〇年には七〇、三六二部を発行するに至った。また長岡藩出身の大橋佐平は、明治二〇（一八八七）年六月一五日に博文館を開業して同年八月二三日に『日本之女学』を創刊した。雑誌の統廃合を頻繁に行う博文館において「女学」の雑誌は存続し続け、明治三四（一九〇一）年に創刊した『女学世界』は大正一四年まで二五年にわたる長命を保ったのである。その他明治期には、『女学叢誌』（績文舎　明治一八年一二月一九日創刊　四銭　週刊）・『女学講義』（大日本女学会　明治二八年一一月二〇日創刊　同会会費として月三〇銭　月二回刊行　二年課程）・『女学草子なでしこ』（進修社　明治二九年六月二五日創刊　九銭　月刊）・『家庭女学講義』（家庭女学会　明治三九年四月三〇日創刊　同会会費として月一〇銭　月刊　二年課程）・『新女学』（大倉書店　明治四五年一月一日創刊　二八銭　月刊）など多くの「女学」の雑誌が世に送られた（表1）。また明治二〇年代後半には、坪谷善四郎ほか『女学全書』（博文館　明治二五～二六年　全一二巻）・松浦政泰『女学叢書』（女学

表1　主な「女学」の雑誌の発行部数

	明治18年	19年	20年	21年	22年
女学新誌	24,955				
女学雑誌	16,966	36,061	70,362	13,023	19,394
日本之女学			14,715	42,973	53,323
女学叢誌	789	20,449			
通信女学講義録			3,577		

（『東京府統計書』より作成）

表2　「改良」に関する書籍数

	「改良」を付した書籍
～明治20年	30
明治21～25年	121
明治26～30年	78
明治31～35年	52
明治36～40年	35
明治41～45年	77

（NDL-OPACより作成　平成18年3月26日）

叢書発行所　明治三六年　全四巻）など、「女学」に関する全書・叢書が刊行された。

「女学」という語は、巌本善治が明治二一年五月より『東京経済雑誌』主幹田口卯吉と展開した議論の中で、「凡そ女性に関係する凡百の道理を研窮する所の学問」と定義している。[1] この議論の発端は、巌本が「婦女改良」を説くことに対し、田口が「抑も婦人を改良し婦人を奨励すと云ふが如きは全く先頃各府県下に行はれたる生糸改良物産奨励など云へる文字に淵源するものにして稍々婦人を以て生糸若くは物産と同視したるに均し」と批判したことにあった。[2]「婦女」を「改良」するという表現は女を「物産」扱いしているというのが、田口が巌本を批判した理由である。

表2で、国立国会図書館に所蔵されている図書のうち、書名に「改良」の語が付されているものの数を示した。明治二〇年代前半に刊行されたものが圧倒的に多く、「改良」は時代の言葉であったのである。このような中で巌本は、文明化を実現するために「改良」すべきものの一つとして「婦女」をあげ、『女学雑誌』を以てその役割を担わんとしたのであった。

田口との論争の中で巌本は自らを「女学士」と称し、「女学」の目的について次のように述べている。

　女性の心身を解析し、その天賦の権力を主張し、若し之を教育せば果して何如んの人物と為り、果して何如んの決果を及ぼすべきやを論定し、而して其教育の方向を定め、預じめ其の決果の方針を導き、或は学問の上に於て、或は人権の上に於て、或は社会的の関係に於て、女性は抑も何如の地にまで至り得べき乎、又何如んの地にまで至らしむべきや。凡そ如此きの道理を研窮して、此女性を彼の冷淡なる学者及び政治家の勘定の内に置かしむる(3)

巌本における「女学」の目的は、文明社会において女はいかにあるべきか、女をどのように「教育」し「改良」すべきかなどを「研窮」し、その実現に力を尽くすことにあった。特に巌本は、「女学」の重要性を「冷淡なる学者及び政治家」に知らしめることを説き、女の「改良」なくして国家や社会の文明化はなし得ないことを主張している。

なお「女学」は、大槻文彦『言海』(六合館 明治二二年)には掲載されていない新しい語であった。また大正四年に刊行された上田万年『大日本国語辞典』(冨山房)にも記載されていないことから、「女学」という語は世間一般で語られる言葉ではなかったと言える。一方明治一〇年に刊行された前田夏繁『女学捷径』(協力社)(4)は、「女学」の内容を「教をうけて稽古すべきハ、書をよみ、文字を写し、物を数ふるを学ぶこと、男と同様なるべし。此稽古ハ、学校に入りて、毎日教を受べし。身分の善悪に拘ハらず、覚えて居るべきハ、裁縫のわざ、厨のとり賄ひ、髪結ふことの三つなり」とあげている。「裁縫のわざ、厨のとり賄ひ髪結ふこと」は従来より女の言動の規範とされてきた「四行」に相当する内容で、明治一四年五月四日に公布された小学校教則綱領(文部省達第一二号)で小学女児のために設けられた「家事経済」の内容としても示されている。「四行」について、末松謙澄は『修身女訓』(精華舎 明治二六年、高等小学校の女生徒用修身教科書)で次のように述べている。

心潔くして騒がしからず、正しくして節操を守り、己が行の上に恥かしき事あらんかと、常に心に省み、起居振舞にも法度ある、これを婦徳といふ、口を開くに常に善き言葉を選びて、聞き苦しき事を言はず、言ふべき時に言ひて、誰が聞きても厭はしからぬを婦言といふ、華美にして外見を飾れといふにはあらねど、汚れたるを洗ひ清め、身なり鮮かに潔く、ゆあみ髪あらひも其為すべき時に為して、身に垢つき恥かしからぬやうにするを婦容といふ、常に裁ち縫ひ絲くることなど、女の為すべき業を怠らず、衣食の事をも潔く調へ、万事家を治むるに心を専らにするを婦功といふ(5)

前田があげた「女学」の内容は「四行」のうち「婦言」「婦功」「婦容」に関するもので、「婦徳」はこれらの習得を通して培われるものであると言えよう。明治初期における「女学」は、「男と同様」に学校で学ぶ読み書き算盤に従来より女が身につけるべきとされてきた言動の規範や知識・技術を加えた内容で、女が学ぶべきことの全体を指していた。そして明治一〇年代後半になると、文明化の進展の中で「女学」は女を「改良」する方途や女のあり方を論じるという性格を加えていったのである。

「女学」は、農業(6)・宗教(7)・演劇(8)などさまざまな分野において「改良」が求められる中で、女を「改良」し文明国の一員にふさわしい存在たらしめることを目的に展開されたのである。ここでは、「女学」の雑誌の嚆矢である『女学新誌』『女学雑誌』を検討し、いかなる内容を持つ「女学」を以て女をどのように「改良」することを意図していたのかを明らかにしていく。

『女学新誌』――「優和温雅貞烈の良風」への眼

『女学新誌』（写真1）は、『農業雑誌』（学農社　明治九年一月創刊）・『小学雑誌』（修正社　明治一五年六月創刊）などの編集に携わった近藤賢三が、明治一七年六月一五日に巌本善治とともに修正社より創刊した雑誌である。月に二回発行し、一部一一～一五ページで価格は四銭であった。『東京日日新聞』は『女学新誌』が創刊号を全国の女学校へ一部ずつ寄附する予定であることを報じており(9)、「女学」の雑誌の嚆矢としての自負心をみることができる。

『女学新誌』は、創刊の目的を次のように述べている。

此時ハ昔日の陋風を一洗し欧米開化の良習を新輸せる時なるべし（中略）昔し婦女を凡べて奴婢と視去り一生男

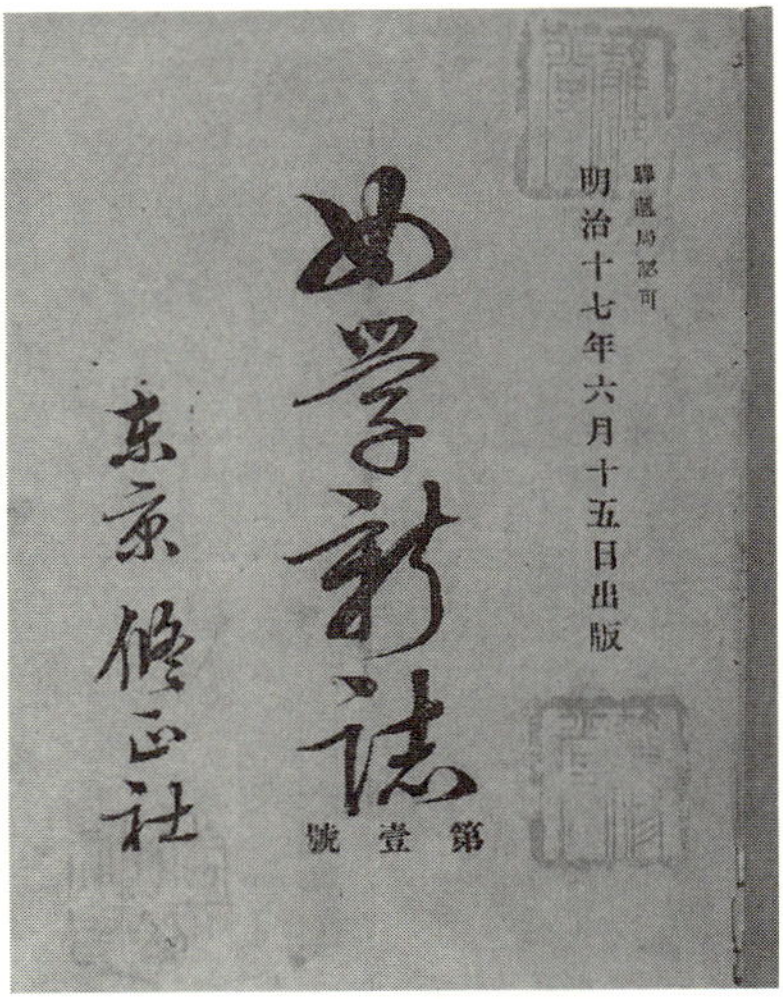

写真１　『女学新誌』創刊号（明治文庫所蔵）

子の下に屈従すべき者と定めたる悲しき弊風ハ漸く男女互楽の良風と代り来りたるぞ女学新誌記者の最も大賀せる所なりき

（中略）

記者の今ま新に此誌を発行する所以の者は（中略）古来我国に行ハれたる婦道中陋弊尤も忌むべき者を悉く苅り優和温雅貞烈の良風を決して失ハざらしめんとし以て小にしてハ一家を整理し家徳を美にするの基を為し大にしてハ一国の道徳を進め且つ英才俊士を生ずるの因を作らん[10]

『女学新誌』は、「欧米開化」を「婦女を凡べて奴婢と視去り一生男子の下に屈従すべき者と定めたる悲しき弊風」を改め「男女互楽の良風」を実現する好機として歓迎し、「一家」を守るのみならず「一国の道徳を進め且つ英才俊士を生ずる」という役割を担い得る女へ「改良」するための「女学」を展開することを意図したのである。その主な方法は「古来我国に行はれたる婦道」の一つである「優和温雅貞烈の良風」を喚起することで、女の言動に関する従来からの規範のうち、「欧米開化」の時代に遺すべきものを身につけさせようとするものでもあった。

『女学新誌』は「発行の主旨」で、理想とする女について次のように述べている。

欧米に行ハるゝ所の婦女の風もとより亦た取るべき所多し例へば相会して古人の詩歌を読み其間手に衣を縫ひ亦た帛を編むことを棄てず裁《ママ》し了じて此を貧人に与へ或ハ売りて病院に寄附するのこと或は身如何に富み亦た位如何に貴きともその家政を理することと日々の食事を支配することと

　を棄てず我国今日の貴婦女が一切家事を他人に委してたゞ恋歌を詠ずるが如きにあらざるの事、其他男子と交済《ママ》して毫も淫行なきこと児子を教育して其才を成すこと等ハ記者常に早く我国に流行せしめんと欲する所の美事なり

『女学新誌』は、勤勉に日常生活を営む中で知性を失わず、また家庭を守りながら慈善活動などを通して社会と関わりを持ち礼節を守った交際をなす「欧米に行ハる、所の婦女の風」を「美事」ととらえた。特に欧米の女が富貴な身分であっても自ら「家政を理する」ことを、日本の女は学ぶべきと考えたのである。また「男子と交済《ママ》して毫も淫行なき」を実現することは、「男女七才にして席を同じうせず」という規範の中で生きてきた日本の女が社会的な活動に関わるうえで不可避の課題であった。編集人の一人である巌本は後に『女学雑誌』で欧米のキリスト教社会の女を範とする姿勢を打ち出すが、『女学新誌』は「優和温雅貞烈の良風」の涵養を図りながら「欧米に行ハる、所の婦女の風」を「我国今日の貴婦女」に培わせることをめざしたのである。

『女学新誌』は「説話」「女学」「女芸」「問答」などの欄を設け、「女学」欄では「古今集の序文」「百人一首の訓《よみやう》」など古典文学に関する内容や、「仮名づかひ様」「歌によむまじき詞の事」など文章の書き方や作歌の作法を中心にとりあげた。和歌が重視されているのは、女の学問則ち和歌と考えられていたからである。また古来より作歌の作法について学ぶことを通して技巧的になりすぎたり才走ったりすることを戒める習慣があったことも、[11]和歌が「温和温雅貞烈の良風」を喚起する方途としてとりあげられた理由の一つと考えられる。

一方「女芸」欄では、「裁縫の心得」「洗濯の事」など日常の家事に役立つ知識や「管弦の事」「生花の心得」などについて論じた。先にあげた「四行」にあてはめると、「女芸」欄は主に「婦功」に関わるものである。「女芸」欄でこのような内容をとりあげる理由を、『女学新誌』は次のように述べている。

　女ハ皆な一の芸を覚えて事あらん時の準備をすべし（中略）一朝志たしき夫のわれを残して死りたる后ハすゞぎ

洗濯して貞を守るか又は貞を破りて娼妓うかれめとなるより八今の女の為し得べき芸能なし墓なき限りなしと云ふべし然れバ平常より女子に適する芸能と云ふぬひ張り、織物、絵画、鳴物、ある八写真電信彫刻のわざ又は歌文小説歴史なんどのかき様等をならひ覚えて事あらん時の準備を為し不運めぐり来らばそを以て一身を助くべき也。[12]

「女芸」欄は、女の日常の営みを支えるだけでなく、「不運めぐり来」たときに生活の糧を得る手段となる「一の芸」を身につけさせることを目的としたのである。「ぬひ張り、織物」は日常生活で必要とされるのみならず女が生活の糧を得る身近な方法であり、「鳴物」などの師匠となることも従来より女が生計を立てる途とされてきた。一方で「写真」「電信」など新しい職業も「一の芸」として紹介されている。いずれも熟練した手腕を必要とするため「女芸」欄はその概略を示したにすぎないが、「貞を守る」ことは女が「優和温雅貞烈の良風」を身につけるうえで不可欠であるため、『女学新誌』は生活を支える「一の芸」の手腕を備えさせることを意図したのであった。

『女学新誌』は、「欧米開化」が進展する中で「優和温雅貞烈の良風」の重要性に着目し、欧米の女のあり方をふまえたうえで「古来我国に行はれたる婦道」を身につけるための「女学」を提示した。なお古典文学や作歌は、女として必要とされる「優和温雅貞烈の良風」のみならず、日本人として身につけるべき教養や価値観などをも培わせるものであったのである。

『女学雑誌』――「欧米の女権」を求めて

『女学新誌』の創刊から約一年後の明治一八（一八八五）年七月二〇日に、巌本善治は『女学新誌』を離れて『女学雑誌』（写真2）を創刊した（創刊時は月二回発行　四銭、創刊～第一〇号は万春堂発行。第一一号　明治一八年一二月二〇日以降は女学雑誌社発行）。その理由を巌本は、『女学雑誌』の創刊号で次のように述べている。

曩に女学新誌を発刊して専ら婦女改良の事に勉め希ふ所ハ欧米の女権と吾国従来の女徳とを合せて完全の摸範を作り為さんとするに在りき然るに世上の風潮其后漸く一変し婦女の社会往々に有為の会合を出し且つ世間普通の新聞紙まで今まハ大に此の一事に注目して時事新報ハ婦人論を出し日々《ママ》新聞ハ離婚論を掲げ其他往々同様のことを論らふものいよ〳〵加はるに至りきこれ固より世上風潮の勢止を得ずして一変し来りたるものなるべしと云へどもそも〳〵亦た吾等の素志の万一為めに其の果を得たるに由るなきを得んやされバ此れより一層奮発してます〳〵世の需めに応ぜんとするに当りにハかに女学新誌の編輯を一時謝絶す可き事情出来したるを以て茲に更に女学雑誌を出刊し前志を続ぎて此れより一層の奮発を為し日本の婦女をしてかの至るべきに至らしめんことを希図す(13)

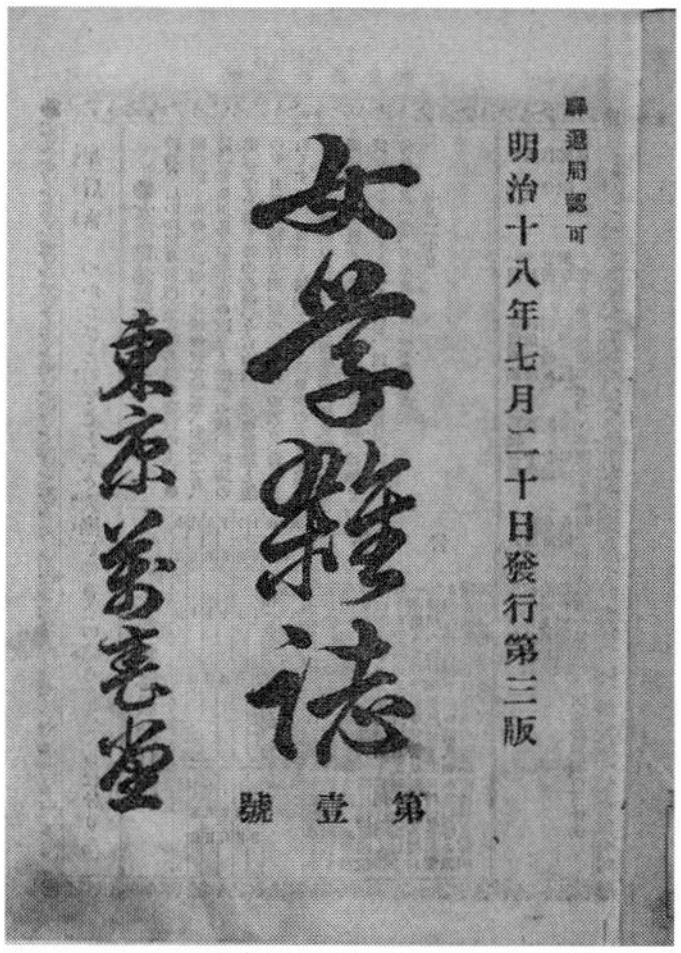

写真 2　『女学雑誌』創刊号（明治文庫所蔵）

巌本は、『時事新報』で福沢諭吉が論じた「日本婦人論」などに「婦人論」の隆盛を見出して「吾等の素志の万一為めに其の果を得たる」と位置づけ(14)、『女学新誌』で試みた「婦女改良の事」が時宜に適っていたことを自負した。しかし『女学新誌』は「欧米の女権と吾国従来の女徳とを合せて完全の摸範を作り為さん」ことを謳ってはいるものの、日本の古典文学や伝統芸能などに関する内容が大半を占めて「吾国従来の女徳」の養成に重点を置いており、「欧米の女権」の獲得をめざすものではなかった。そこで巌本は、日本の女に「欧米の女権」を獲得させるための「女学」を展開するべく、『女学新誌』の編集から離れて『女学雑誌』を創刊したのである。

しかし、『女学雑誌』が創刊号で掲載した「善悪娘の比較」「川島八重子伝」「歌道と歌風の弁」「文字を書くときの心得」

「月琴独けいこ」「女訓金言」などの内容は、『女学新誌』と大差なかった。(15) なお一般に「雑報」欄は巻末に付されていることが多いが、『女学雑誌』は『女学新誌』と同様に「社説」欄の次に「雑報」欄を設けて国内外の女の活動を紹介しており、「発行の主旨」で述べた「世上の風潮」に対する意識をみることができる。

その後巌本は「女子と耶蘇教」で、「欧米の女権」の獲得を実現するために欧米のキリスト教社会の女を範とすることを次のように述べたのである。

抑も孔子の教は明治時代に擯けられて今之を主張するもの殆んどあるなし（中略）かの女を軽蔑して男の下婢の如くする教の不可なるは火を睹《み》るよりも尚ほ明白なり（中略）若し斯る教を一方に主張せば今日如何程に女学を振ひ起し女権を張り伸さんとするもこれ火を燃して水をそゝぐが如し（中略）孔子の教すたれて月も日も西にかくれたらん今日の時世には何物か之に代るべき一の教なかるべからず

（中略）

然らば何の教を以て孔子の教に代んかと云ふに吾人ハ夙に其耶蘇教の外にあらざることを信ずるものなり

（中略）

今日欧米にて女権の盛んなる国ハ即ち耶蘇教の流行する国々なり（中略）耶蘇の教ハかの女を内心如夜刃《やしゃ》と云ふものと異なり亦女は養ひがたし三従すべしなど云へるものと異り女をあげて男と同等の人類たる地位を得させ一夫一婦の制を初めて明になしたるなり

（中略）

優にやさしく静かにして温和しくよく家を守りて夫を助け子を育て経済をよくすること又は女の慈善なる事業に尽力し世の不徳をきよむることに力を尽すなど世の為すべきわざの中の最良なるものとせり(16)

巌本は、「耶蘇教の流行する国々」においては「一夫一婦の制」により「女をあげて男と同等の人類たる地位」が実現されている一方で、日本では「孔子の教すたれて」いるにも関わらず依然として「女を軽蔑して男の下婢の如くする」風潮が根強いと指摘している。巌本における「女権」の獲得とは、「耶蘇教の流行する国々」におけるこのような状態を実現することをさしており、儒教に替わる規範としてキリスト教に着目したのであった。なお『女学雑誌』は『女学新誌』と同様、欧米のキリスト教社会の女が家庭の担い手としての役割を全うしたうえで教会などの「慈善なる事業」に参加し「世の不徳をきよむる」一助となっている点を日本の女が学ぶべきとしており、このような女が文明の世を生きる女のあるべき姿ととらえられていたと言える。

その後『女学雑誌』は、巌本が校長を勤める明治女学校（明治一八年一〇月一五日開校）への憧れとも相まって広く人気を得、その発行部数は明治一九年には三六、〇六一部であったが翌二〇年には七〇、三六二部へと増加した。『女学雑誌』を静岡県土方村で購読していた鷲山弥生（明治四年三月一〇日〜昭和三四年五月二二日）は、当時の『女学雑誌』の印象を次のように述べている。

欧化主義の時代を背景にして、婦人の改良を唱えていた『女学雑誌』が、当時の若い女性に与えた影響は、極めて大きなものがありました。この雑誌は、明治女学校の校長として令名のあった巌本善治さんが、とても打ちこんで編輯しておられた雑誌で、女子教育論あり、廃娼論あり、社会改良論あり、小説あり、翻訳あり、家事衛生あり、その紙面に溢れている高い理想と新しい知識は、封建時代の暗い生活から脱け出そうとしていた若い女性たちにとって、正に暗夜の燈し火の観がありました。

その時分まで二つ輪といって桃割れに似た髪に結っておりました私が、十七の年に思ひ切って束髪に改めましたのも、あるいはこの『女学雑誌』から流れ出した風俗改良論の影響であったのかも知れません。都会風俗の単なる模倣ではなくて、なにか新しい生活がその束髪の頭からはじまるように考えていたのでした。(17)

「女子教育論」「廃娼論」「小説」「家事衛生」など幅広い内容を備えた『女学雑誌』は、「封建時代の暗い生活から抜け出」さんとする女の「暗夜の燈火」ととらえられていたのである。明治一八年に結成された婦人束髪会は女学雑誌社の中に事務所を設け、女を結髪の「窮屈不便」から解放し「衛生」「経済」をもたらす束髪を奨励していた。[18]鷲山は「なにか新しい生活がその束髪の頭からはじまるように考えていた」と述べており、散切頭が文明開化の象徴ととらえられたように、自らが束髪を装うことにより新しい時代の気運を実感したのである。このように自ら行動を起こすことにより日常生活の中で「改良」を実感できることは、『女学雑誌』が提示した「女学」の魅力の一つであった。

『女学雑誌』の変容

『女学雑誌』は、創刊四年目の明治二一年には発行部数が一三、〇二三部と減少し、明治二〇（一八八七）年八月に博文館から創刊された『日本之女学』の発行部数四二、九七三部に凌駕された。井上馨外相によって行われた条約改正に対する不満から欧化主義とよばれた時代が終焉を迎え、欧米のキリスト教社会の女を範とする「女学」に対する支持が低下したことがその原因である。このような中で『女学雑誌』は、明治二二年二月一一日に発布される大日本帝国憲法が「日本国民の総ては其の下に於て一斎に一列するもの」となることへ期待を寄せていたのであるが、[19]憲法が「選挙人たるも被選挙人たるも皆な男子に限ると云ふの明文ある事」「皇族の男子のみは成年に達すれば議席（筆者注・貴族院）に列するを得とある事」という内容であったことに失望し、[20]次のような改革を図った。

望む所ろの大極は即はち人類の自由を真正にし公義清徳の大道を発揮し万国を無争の一家と為し男女同等上下一致国家和楽天下太平の真楽地に到らんとするに在り

（中略）

本誌第百六十号よりして面目を一転化し其後時勢の必要に応じて着々進歩すべし就中雑誌に時論時事の両欄を加

ふる事批評伝記雑録等の欄内に惣て女学以外の記事を合せ掲ぐる事紙数に増加ある事図画の精鮮となる事(21)

「男女同等」の実現をめざしていた巌本であったが、憲法の発布によりその困難さを再認識した。そこで巌本は、「時論時事」や「女学以外の記事」もとりあげ内容の充実を図ることにより、「男女同等上下一致和楽天下太平の真楽地」の実現をめざしたのである。そして明治二三年一一月には、清水紫琴（編集）・田辺花圃（文芸）・荻野吟子（医学・衛生・看護）・若松しづ（文芸）・吉田伸子（理学）・安藤たね子（訪問記事）・小島きよ子（家政学）・中島俊子（評論）の八人の記者を採用し、次に述べるような更なる改革を図ったのであった。

従来掲載したる項目の外に、実際の家政経済取締の件、細君及母親の心得となる覚悟、佳人英雄善者義人などの言行、文学理学などの俗解、物のねだん、病人の取扱方、一切の女の心得向などを、尤も平易に且つ尤も面白く講述せんとす。

（中略）

以后女学雑誌は、始《ママ》んど完備したる「家の雑誌」西洋所云るホーム、ジヨウナル《ママ》となるべし(22)。

『女学雑誌』は清水を編集担当としたのを初め田辺・荻野ら女の執筆者を充実させ、また「平易に且つ面白」いことを旨とする記事を掲載するとともに「ホーム、ジヨウナル《ママ》」としての性質を加味するという改良を図った(23)。そして第二四一号（明治二三年一一月二九日）より「家政」「児藍」「理学」などの欄を設け、同号では中島俊子「夫人の心得」・吉田伸子「炭酸気の話」などを掲載したほか、毎号巻末に白米・雑穀・塩・茶・真綿などの価格を示し、これらの記事が示す情報を以て「ホーム、ジヨウナル《ママ》」たらんとしたのである。この改革について『読売新聞』は明治二三年一一月二一日に「清水豊女史に主筆編輯を嘱託したり」と報じているが、以後も編輯兼発行者は巌本善治であり、中島や荻野ら著名な女が執筆する記事が増加したにすぎない。また家事を重視する「女学」は『日本之女学』が既に展開しており（第一章第二節）、『女学雑誌』の「ホーム、ジヨウナル《ママ》」への転換は強い個性を放ち得なかったのであった[24]。

その後『女学雑誌』は第三五七号（明治二六年一一月一一日）より「女学」欄を設け、「女学」の雑誌として立て直しを図らんとした。しかし「女学」欄は毎号掲載されていたわけではなく、内容も「何をか女子教育の衰運と謂ふ」（第三五八号 明治二六年一一月二五日）・「女学校々舎の建築と女生の倹徳」（第三六三号 明治二七年一月二〇日）など女子教育に関するものに偏りがちであった。そして日清戦争が開戦すると、第四〇〇号（明治二七年一〇月六日）より「近時、日本人が海外伝道に着手す可き聖機の到来したることを認識し、其の将来に於ける大国是たる可きことを確信し、之が為めに力を尽すことの極めて必要なる所以を感覚せし（中略）故に予かじめ先づ女学雑誌の割愛を要めざるを得ざる也」という理由から従来週刊であった『女学雑誌』を月刊とし[25]、「朝鮮国の教育に従事す」ることを目的に大日本海外教育会を結成した[26]。しかしこれは、日本の女を「改良」するという「女学」の使命を放棄し国策に追従するものでしかない。

一方明治女学校は、明治二九年二月五日に火災に遭い、その後は同校で学んだ相馬黒光が「いつとなくその内部から支え合う力が失われ、そのうちに成瀬仁蔵氏によって目白の女子大学が旗揚げされて、まことに矢の一つは逸れたのでありました」と述べたような状態で[27]、『女学雑誌』のみならず明治女学校や巌本自身も魅力を失っていた。そして高等女学校令（明治三二年二月七日 勅令第三一号）が公布され日本女子大学校などの新しい女子教育機関も設けられて女子教育の隆盛が予見されていた時期には、『女学雑誌』は足尾鉱毒事件に関する記事が原因で一年近く休刊しており、復刊した後も刊行が不規則になり廃刊がささやかれるほどで、この転換期に女のあり方について論じる「女学」の雑誌としての役割を担い得る状態ではなかったのである。なお『婦女新聞』が「東京府下に於ける婦人雑誌概評」の中で、「彼（筆者注：『女学雑誌』）に声援を与ふるものは常に男性に多く女性自身はさながら高見の見物然として冷淡なる事なり」と述べたことは[28]、『女学雑誌』が展開する「女学」が依然として「男性」が女について論じるものととらえられていたことを示している。しかしこのような「女学」は既に支持を得られるものではなくなっていたのであった。

第五二四号（明治三六年一二月二〇日）より巌本は『女学雑誌』の発行・編集の任を青柳有美に譲ったが、『女学雑誌』は翌三七（一九〇四）年二月一五日に第五二六号を以て廃刊となった[29]。そして巌本は『女学雑誌』の編集を辞した四カ月後に明治女学校校長の職からも退き、明治女学校も明治四一年一二月二五日に廃校となったのである。欧米のキリスト教社会の女を日本の女のあるべき姿として主張し欧化主義の世相の中で影響力を放った『女学雑誌』は、欧化主義の時代の終焉とともに支持を失い、その後は編集方針が一貫せず読者を惹きつける「女学」を呈し得ず衰退していったのであった。

第二節　日本の「女学」を求めて

博文館の創業

『女学雑誌』が名声を博していた中で、博文館は明治二〇（一八八七）年八月一三日に『日本之女学』を創刊した。博文館の呼称は論語にある「博文約礼」を語源とし、「ひろく学問をして事理を窮め、礼儀を以て其の学んだことをしめくくり統一して実行する」の意味を持つ[30]。博文館の創業にあたり大橋佐平は、宗教雑誌と女学生向けの雑誌を発行したい旨を息子新太郎（文久三年七月二九日～昭和一九年五月五日）に伝えたところ、新太郎が「社会の各階級に互つて指導すべく、而かも最も廉価にして薄利多売の主義を採り、外国の集録雑誌といふ様なものを先づ発行した方が宜からう」と勧めたことにより、博文館は『日本大家論集』の刊行を以て創業したとされている[31]。博文館がさまざまな論文を掲載した『日本大家論集』を以て出発したことは「博文約礼」の意に適っており、創刊号三千部がたちまち売り切れたことから博文館の志が多くの人々に迎えられたことが分かる[32]。

また大橋が、同郷の坪谷善四郎（新潟県加茂町出身で当時東京専門学校の学生）らに学校で学んだことを記事に執筆させて新しい知識を読者と共有しようとしていたことも「博文約礼」の志による。『日本之教学』[33]（明治二〇年九月一〇日創刊）・『日本之商人』（同年一〇月五日創刊）・『日本之殖産』（明治二一年一月三〇日創刊）・『日本之法律』（同年二月二九日創刊）・『日本之時事』（同年四月二五日創刊）・『日本之兵事』（同年五月三〇日創刊）・『日本之警察』（同年一二月一〇日創刊）など一連の「日本之」シリーズとも言うべき雑誌（いずれも月刊　一〇銭）はこのように作られ、実用的な知識とともに立志伝などを掲載して実業や社会のあり様に眼を開かせ、その担い手たる志を培うよう導かんとしていた。

博文館が創業とほぼ時を同じくして『日本之女学』を創刊し、以後も雑誌の統廃合が行われる中で『婦女子』『婦女雑誌』『女学世界』など「女学」の雑誌が受け継がれてきたのは、創業者大橋佐平の教育に対する熱意によるところが大きい。「米百俵」の逸話で知られる大橋の出身地長岡藩は、旧幕側についたため維新後経済的に困窮する中で、教育を振興し郷土の再建を担う人材を育成することを重視していた[34]。この中で越後府御用掛などの役職に就き新潟学校・長岡小学校・長岡市中学校・長岡洋学校などの設立に関わって維新期を過ごしたことにより、大橋は教育に対する眼を開かれたのである。

明治四年一〇月一五日に開校した長岡市中学校は、半日のみの授業や夜学など多様な課程を設け、句読・暗誦・習字・算術など実用的な内容を備えて実業を担う人材を速成することを目的とした[35]。その後明治五年一〇月に士族の学校である国漢学校と合併し柏崎県学校長岡分黌となったが内容は変わらず、小学校の就学率の全国平均が三五％（男子五〇・八％、女子一八・七％、明治八年[36]）、新潟県のそれが二四％であった中で、同校は男子六六％、女子二六％という高さを示した[37]。月謝を安くして実用的な教育内容を長岡のまちの人々に分かりやすく示したことがその理由で、女子の就学率の高さは特筆すべきものである。

その後大橋は、明治一〇年頃に長岡出版会社を設立して『北越雑誌』（明治一〇年六月一五日創刊）・『越佐毎日新聞』（明治一四年六月九日創刊）などを刊行した。その傍ら雑誌販売業を起こして息子新太郎に任せ、特に「雑誌小説其他西洋綴新刊書籍」の販売は他の書店から群を抜いていたという[38]。新太郎が雑誌販売業を通じて『法学協会雑誌』『女学雑誌』『東京経済雑誌』など多くの雑誌を目にしたことは、後日博文館が雑誌を刊行するうえで役立つ経験になったであろう。先の新太郎のアドバイスもこの経験に基づいたものであるため、佐平が新太郎の意見に従ったと考えられる。

また佐平の娘時子（明治四年生まれ）は、渡辺辰五郎が雛形を用いた新しい裁縫教育を行っていた和洋裁縫伝習所（後の東京裁縫女学校、現東京家政大学）や、アメリカのバプテスト外国宣教協会から派遣された婦人宣教師キダーが教鞭を執る駿台英和女学校などで学んでいた。萩の舎で樋口なつとともに学んでいた伊東夏子は、駿台英和女学校時代の同級生である[39]。駿台英和女学校は、ウヰルソン氏リードルやパーレー氏万国史などを教える英学課程のほかに習字・裁縫などの学科を設けており、時子が日本人として必要な教養や技術を身につけながら文明の世を生きる女たるべく英学を学んだことは、博文館が展開する「女学」に影響を与えたと思われる。なお時子は後に、『婦女子』『婦女雑誌』『女学世界』などに筆を執っている[40]。

一方新太郎は明治九～一一年まで、儒者でありながら洋行経験を持ち、明治四年に『自助論』を翻訳・刊行して広く影響を与えていた中村正直が主宰する同人社（明治六年二月創立）で学んだ。中村は女子教育の必要性を主張して明治七年に同人社女学校を開設し、明治八年一一月二九日に開校した女子師範学校では摂理を勤めていた。女子教育の必要性を説き実際に従事していた中村の元で新太郎が学んだことは、博文館が女子教育を重視し「女学」の雑誌を長期にわたり世に送ったことに影響を与えたと思われる。また『女学雑誌』を主宰した巌本善治も同時期に同人社で学んでいたため新太郎と巌本は知己であったことが考えられ（巌本は明治九～一三年に在学）、博文館が『女学雑誌』とは異なる「女学」を展開した一因をここに求めることもできよう。なおこのように中村の元で学んだ者により展開された「女学」の雑誌には、中村が『自助論』で説いた立志・勤勉などの精神が息づいていることが考えられるのである。

ここでは、博文館が展開した「女学」の雑誌の内容とそこでめざされた女のあり方を、「女学」の雑誌の系譜を追いながら明らかにしていく。

『日本之女学』の創刊

明治一九年一一月、大橋佐平は『越佐毎日新聞』の刊行を新太郎に委ねて上京し、翌二〇年六月一五日に博文館を開業するとともに『日本大家論集』を創刊した。『日本大家論集』第一号に掲載された「女学」に関する論文としては、高田早苗（文学士）「男女同権ノ新策」（初出『中央学術雑誌』第三九号　明治一九年一〇月二五日）・桜井錠二（法科大学教授）「女子の体育」（初出『東洋学芸雑誌』第六七号　明治二〇年四月二五日）があげられる。「男女同権ノ新策」は、「男女同権ハ文明ノ手本」であるにも関わらず「我国男尊女卑ノ習慣ハコレガ強敵」であるため、「女子ニ財産ヲ遺伝スルノ習慣ヲ養成」するという「新策」を以て「男女同権」の実現を図ろうとする内容である。また「女子の体育」では、女を衣食住の「改良」の担い手と位置づけ、運動を奨励して食欲を増進させ体格の向上を促すとともに病気（特に結核）を予防することによりその役割を全うさせることが説かれている。なお同号には、中村正直が明治一六年に執筆した「自叙千字文」も掲載された。

同年八月二三日に、博文館は『日本之女学』（写真3）を創刊した。『日本之女学』は、乙宝寺の元僧侶で新太郎と同じく同人社で学んだ経験も持ち（明治一九年頃在学）、博文館創業時からのスタッフである内山正如（慶応元年九月一五日～大正一一年九月二六日）を初代編集長とし[41]、明治二二年一二月二〇日までに全二八号を世に送った（月刊）。一部七〇～八〇ページで、価格は創刊当初は一二銭（第六号より一〇銭）である。

『日本之女学』は、創刊の趣旨を次のように述べている。

> 婦人は男子と其性を異にするが故に修むる所の学も亦自から異ならざるを得ず（中略）仮令何程才芸衆に勝れ名声世に顕はれたる婦人にても若し女徳の一を欠くときは乍ち百芸の光栄を失ふに至る可し（中略）西欧流の女学は最も美にして男女同権の教は善ならざるには非らざれども東西自ら国風を異にして或は我国の婦人に適せざるの憾なき能はず（中略）改良進歩には自ら順序のあるを知らずして俄に以て此事を行はんと欲するときは我国婦人の義徳《びとく》なる貞淑柔和質素の風を破り驕慢奢侈の弊を招きて未だ西洋女学の益を得ざるの前に於て早や既に我国固有の女徳を失ふに至る
>
> （中略）
>
> 故に我国の女学を振興して婦人の地位を高尚ならしめんと欲するものは我国固有の女徳を以て質と為し西洋技芸の教を以て文と為し文質彬々たらしめんことを是れ務む可きなり[42]

写真3　『日本之女学』創刊号（明治文庫所蔵）

『日本之女学』は、「婦人」と「男子」とでは「修むる所の学」が異なり、また「東西自ら国風を異」にするため、徒に「西欧流」に倣うのではなく「我国の婦人」に適した「女学」を展開することをめざしたのである。特に「改良進歩には自ら順序」があるため、「男女同権の教」は時期尚早で「我国固有の女徳」の喪失という弊害を招いていることを指摘し、「西欧流の女学」を提唱する『女学雑誌』との違いを明確に主張した。なお『日本之女学』は、「我国固有の女徳」の涵養を図ることが「西欧流の女学」と同様に「婦人の地位を高尚ならしめ」るとも述べている。

『日本之女学』は、「文質彬々たらしめん」と述べたように、「我国固有の女徳」を培わせて日本の女としての「質」を確かなものとし、その上で「文」たる「西洋技芸の教」を学ばせることにより女を「改良進歩」させることを企図したのであった。「我国の女学」によって培われた「我国固有の女徳」は「西洋技芸の教」を受け止める素地となるため、徒な「西欧流」の模倣を防ぐ役割をも担うのである。なおここで「びとく」を「正しい」の意をもつ「義」の字を用いて表記したのは、[43]「我国固有の女徳」を備えることが女のあるべき姿であると主張するためである。

『日本之女学』は「家政・経済」「育児」「衛生」「割烹」「小説」などの欄を設け、日常の家事に関わる内容を重視した「女学」を展開したことが特徴である。創刊から第八号（明治二一年四月二〇日）まで瓜生寅が「家政学」（全八回）を連載したほか、立花たへ子「家政卑言」（第一一～一四号　明治二一年七月二〇日～一〇月二〇日　全四回）・天野ぎん子「家政学要旨」（第一九・二〇号　明治二二年三月二六日・四月二〇日）・飯島半十郎「家事経済」（第二一～二八号　明治二二年五月二〇日～一二月二〇日　全八回）などが掲載された。

「家政学」を連載した瓜生寅（天保一三年一月一五日～大正二年二月二三日、連載時四六歳）は旧福井藩士の息子で、漢学と蘭学を修め文部省・大蔵省・工部省などに奉職した後明治一二（一八七九）年に実業界に入った経歴を持っており、明治二三年には『通信教授女子家政学』（普及舎）を刊行した。「家政学」を説く理由を、瓜生は次のように述べている。

男子ハ外に出で丶職業を勉むれば婦女も亦内に在て能く婦職《をんなのつとめ》を尽さゞるべからず婦職とハ何ぞ家事経済なり即ち世帯の取締方なり（中略）世帯の取締方にも種々ありて維新以前のやうに我親族より外に世界のなき時ハ何事

も手軽にして姑のする通り為しさへすれば別にする事もなく無学文盲にても済みし事なれどそれは其時分の事にて所謂ゆる男子の奴隷ともいふべき時分の世帯の取締方にして今日開明の世に在て男子と並び立ち大業に婦女ハ婦女の応分の職業を尽しますといふことの物にハあらず今日の世帯の取締方ハ中々さやうな生まやさしき物にあらず衣食住から子女の鞠育教育老人の扱ひ婢僕の取締病人の看護衛生の事一家会計維持の事世間の交際慈善の行なひに至るまで其用向の多き其取扱の種々なる決して男子が一科専門を攻て朝から晩まで一つの事に精神をはめ込み居るが如きものにあらず(44)

「婦職」とは「織紝・組紃・縫線之事」であるとされており(45)、従来「婦職《をんなのつとめ》」においては裁ち縫いに重点が置かれ「世帯」の切り盛りにはあまり注意が払われていなかった。そこで瓜生は「世帯の取締方」を「今日開明の世」における「婦職《をんなのつとめ》」と位置づけ、その内容が「姑のする通り為しさへすれば別にする事もなく無学文盲にても済みし事」という「維新以前」より行われてきたものとは異なり、また「男子」のつとめとも違って「衣食住」「世間の交際慈善の行ひ」「会計維持の事」など多岐にわたり「生まやさしき物」ではないため、「家事経済」について学ぶことが必要であると説いたのである。瓜生が論じた「生気即ち酸素瓦斯の事」(46)・「人体の成立及ひ食物の作用」(47)などの内容は、「今日開明の世」における「婦職」を支える科学的な知識を習得させようとするものであった。なお『日本之女学』で瓜生が論じた内容は、『通信教授女子家政学』にも反映されている(48)。

また「家事経済」を連載した飯島半十郎は、明治一五年に女子小学高等科の家事経済の教科書として『初学経済書』（虚心堂）を刊行したほか、明治二三年には博文館叢書の第三巻として『家事経済書』を執筆するなど、明治一〇～二〇年代において家事経済に関する教育を担っていた一人である。「家事経済」の呼称は、『編新小学教授法』（育英社　明治一五年）で「世間家内ノ有様ヲ見レバ家事庖厨ノ一段ニ至テハ婦女ハ思ノ外ニ有力ナルモノニシテ（中略）緊要ナル経済ノ道理ニ暗ク迂遠ノコトニ時日ヲ費ヤシ時ヲ省キ労ヲ減ズルノ工夫ヲナスモノ少ナシ」と述べられているように[49]、家庭を営むためには「家事庖厨」の能力だけでなく「経済ノ道理」に関する知識が不可欠であるとの考えによる。

家事経済について、飯島は次のように述べている。

今試に甲乙二人の所為を察し、僅かに貧富のよりて《ママ》生ずる所以を知ることを得たれば、左にしるす（中略）
甲は、米をとぎて、米泔水を流し、すつるなり
乙は、米泔水を別の桶にとりおきて、畦圃に澆ぎ肥料となし、又は洗濯もの、用に供するなり（中略）
甲は、隔日に髪を結へども、なでつけることを厭ふをもて、常に乱る、が如し
乙は、髪を結ぶは、一週間に一度なれども、時々注意してなでつけるをもて、常に見苦しからず[50]

「家事経済」には知識や技術だけでなく節倹に対する意識も必要であるため、日常生活におけるこのような心がけの中で「我国固有の女徳」を培うことが期待されたのである。なお飯島が米のとぎ汁の利用をあげたように、古来からの生活の知恵を生かすことも「我国固有の女徳」を身につけるうえで重要な役割を担った。

このような内容を備えた『日本之女学』について、読者は次のように述べている。

未だ女学校の設けもなく且師友に乏しき僻陬辺境の地に在りては何程学事に熱心なるも何程女子教育の改良を試みんとするも恰も木に縁りて魚を求めんとするが如く到底為し能はざるに非ずや

（中略）

其論高尚に渉らず卑近に流れず的切に目下女子教育の改良せざるべからざる所以と及び其必用《ママ》なる所以とを説示せられたる高論卓説を掲げ或は修身には和漢洋の格言を引載し其他史伝に育児に工芸に文范に或は裁縫に割烹に総て女学に関する必要の者は《ママ》一として該羅漏らすなく真に未だ曾て見ざる好雑誌[51]

『日本之女学』は、「女学校」で教育を受けることができない「僻陬辺境の地」に住む読者にも「総て女学に関する

必要の者《ママ》は一として該羅漏らすなく」学び得るという満足感を与えたのである。日常の営みに関わる内容を持ちながら「卑近に流れず」という特性は『日本之女学』の魅力として受け止められ、読者に「女子教育の改良」の恩恵を受けているとの満足感ももたらしたのであった。

『日本之女学』が展開した「女学」は、「婦女改良」について論じ社会に向かって問いかける『女学雑誌』とは異なり、家事などの日常の営みを「改良」する方法を提示して女が自らのあり方や日常生活を「改良」し得るよう導くものであった。そして読者は、その営みの中で「我国固有の女徳」を培っていくことが期待されていたのである。このような「女学」は魅力を放ち、『日本之女学』の発行部数は明治二〇年には一四、七一五部であったが翌二一年には四二、九七三部へと急増し、『女学雑誌』の発行部数一三、〇二三部を凌駕したのであった。

なお『日本之女学』の「時論」欄は「新刊諸雑誌社説中特に女子に関する時論を抄録す」ることを目的としており、他の「女学」の雑誌に対する『日本之女学』の考え方を知ることができる。創刊号では『女学叢誌』『女学雑誌』をとりあげ、「女権伸張に表裏の二途あり」（『女学雑誌』第六九号　明治二〇年七月三〇日）と主張する『女学雑誌』を、「表面即ち言論や文章を以て抵抗者に打ち勝つことは一の好手段にはあれど未だ以て輿論《よろん》全体を動し得るの方法に非ず」と批判した。また「批評」欄では「内外新刊の女学書類」の批評をすることを謳い、創刊号では藤尾録郎『実地応用家計簿記法』（経済雑誌社　明治二〇年）・原弥一郎訳『欧米男女礼法』（丸善　明治二〇年）などを紹介している。

「処世」の支えとして――『婦女子』『婦女雑誌』の創刊

『日本之女学』は、明治二三（一八九〇）年一月一三日に文芸誌『やまと錦』に統合されて文芸誌『日本之文華』となり、「我が文学の正当に発達して、其の光彩直ちに天地の微妙を揮擢し、神明の英霊に徹底せん」という役割を

写真４　『婦女子』創刊号（明治文庫所蔵）

担うこととなった。(52)『日本之文華』は「論説」「詩壇」「文苑」などの欄を設け、一部八〇ページ、八銭で、編集人は『越佐毎日新聞』で主筆を勤め明治二一年二月より博文館で編集に携わっていた松井広吉である。『日本之女学』は最終号で「此の雑誌（筆者注・『日本之文華』）には又特に婦人方の文章和歌等を掲ぐ、文学に縁厚き婦人方には、実に重宝なる雑誌なり」と述べ、『日本之文華』の「閨秀才藻」欄では田辺花圃・竹屋雅子らが筆を執ったが、「女学」に関する記事は特にみられない。

そして博文館は、『日本之女学』を再興する意図を以て同年一二月一一日に『婦女子』（写真４）を創刊し（編集は奥山千代松　八銭）、その趣旨を次のように述べたのである。

> 男子は男子、女子は女子、各其の特性に基きて人世行路の安全を希図すると同時に、日本は日本、西洋は西洋、各其の固有慣習に基きて、処世に必要なる百般の事項を履修するを要す、然るに彼の狂愚癲癡の輩は、妄りに空理に迷ひ、妄りに外邦の富彊に眩み、彼の人の子女を慫慂す（中略）時勢の変選《ママ》は、政事の熱度に左右せられ、日本女子の本領、復た漸く壊乱せんとするの兆あり、本館又こゝに観るあり曩きの日本之女学を再興するの止むべからざるを察し、僅かに題目を改めて婦女子としたる(53)

明治二二年二月一一日に大日本帝国憲法が発布され、翌年一一月には第一回帝国議会が召集されるなど、日本の「政事」は転換期を迎えていた。このような中で『婦女子』は、「女子は女子」「日本は日本」として学ぶべきことが看過されることを危惧し、「政事」の変化に左右されることなく「固有慣習に基きて、処世に必要なる百般の事項を履修」し、「日本女子の本領」を身につけるための「女学」を展開することを意図したのである。誌名を『婦女子』としたことには、「女子」たることに誇りを抱かせ「女子」として身につけるべきことを全うさせようとの思いが込められている。また文芸誌である『日本之文華』に替わって『婦女子』が創刊されたのは、社会の変化の中で「女学」の必要性が改めて認識されたからであった。なお『婦女子』は最終ページに「婦女子投書心得」を掲載して文章・和歌・習字などの作品を募集しているが、「但し政事其の他人々の毀誉褒貶に関する事項はこれを拒絶す」と注記しており、「政事」に左右されない「女学」を求める姿勢をみることができる。

『婦女子』は第一号が刊行された後、翌明治二四年一月一〇日に『日本之文華』と合併して『婦女雑誌』（写真5）となり、明治二七年一二月まで四年間にわたり全九四冊を世に送った。編集は第一巻第一号（明治二四年一月一〇日　奥山千代松）・第一巻第六号（明治二四年四月二五日　坂下亀太郎）以外は司法省法学校・大蔵省を経て博文館に入館した岸上操が勤め、創刊時は一部六五ページ前後で一部四銭（廃刊時は六銭）である。

写真5　『婦女雑誌』創刊号（明治文庫所蔵）

『婦女雑誌』は創刊号で、その目的を次のように述べた。

> 婦女は男子ありて始《ママ》めて婦女なるに非ず（中略）婦女は必ず婦女として存在すべきをいふなり
> （中略）
> 婦女は兵卒となるの義務なく、腕力を闘はすの必要なし、而して切要なる学術を修むべし高尚なる識見を有すべし、清廉なる節操を磨くべし、適当なる業務を執るべし、貞潔なる交際を勉むべし、静淑なる生活をなすべし、世間必要の婦女となるべし

（中略）

故に婦女雑誌は、天下真正の淑女諸君のために、百般必要の事項を記載報道することを怠らざるべし(54)

『婦女雑誌』は、「切要なる学術」「高尚なる識見」「清廉なる節操」を身につけ、「適当なる業務」「貞潔なる交際」「静淑なる生活」をなし得る「世間必要の婦女」を育てることを目的とした。同誌は「言の園」（論説）・「忍ぶ草」（列女伝）・「学の庭」（古典や衛生などの講話）・「藻塩草」（投稿・時事）などの欄を設置したが、『日本之女学』と比較すると家事や育児などに関する記事の占める割合が少なく、替わりに添田寿一「婦女子の職業に従事するは是か非か」・中村正直「女子高等師範学校廃すべからず」（いずれも第一巻第三号　明治二四年三月一〇日）といった記事がみられることが特徴である。「婦女子の職業に従事するは是か非か」は「貴女方の同胞同姓なる姉妹にして中以下の方々は随分艱難辛苦して種々な工場に雇はれたり其他の力役に従事したりして居られます」という社会状況に眼を開かせることを目的としたもので、職業に従事することを勧めるものではない。一方「女子高等師範学校廃すべからず」は、欧化主義の時代が終焉を迎えたことにより女子教育が衰微する中で、「道徳ハ天下の大勢力なり、女子教育ハ道徳の本源なり、婦の長短ハ以て邦国開明の度を知るべし、我日本帝国の議会已に開け、更に外面の光輝を加へたるも、女子の教育にして之が改良を計らずんバ、将来の国運果して如何ぞや」という理由から女子高等師範学校の廃止に異議を唱えるものである。『婦女雑誌』がこのような内容をとりあげた背景には、職業に従事したり上級学校に進学したりという途が女の前に示されるようになったことがあった。なお『婦女雑誌』は最初の二号は月刊であったが、第一巻第三号（明治二四年三月一〇日）より月二回の刊行とし、価格も一部五銭に値上げした。その理由を『婦女雑誌』は読者が「到底毎月一回の刊行を以て満足すべからざる」と述べており(55)、『婦女雑誌』が人気を得ていたことが分かる。また第一巻第二号（明治二四年二月一〇日）より読者の和歌・短文を掲載する「あやにしき」欄を設けて佐佐木信綱が選者を務めたことは、『日本之文華』の性質を受け継いでいる点であった。

日清戦争前夜になると、『婦女雑誌』は巻頭に「本誌の本領」と題する次の文章を掲げた（第三巻第一～二四号　明治二六年一月一日～一二月一五日）。

女子は国家の母なり良妻なければ賢夫なく賢母なければ英児なし而して良妻賢母を養成するは家庭の教育如何にあるのみ本誌は主として女子の家庭教育に関する事項を談論して之を扶くるに文学の妙趣を以てし之を拡むるに社会の事情を以てし以て現在未来の良妻賢母の好伴侶良師友たらんとす

日清戦争を前にして『婦女雑誌』は「女子」に、家族にとって「良妻賢母」であるだけでなく「賢夫」「英児」を生み出す「国家の母」たることを求めたのである。それを実現するためには「教育」が必要であるが、女子の小学校の就学率が三六％という現実の中では「国家の母」を育てる教育は学校以外の場で担うことが必要であるため(56)、『婦女雑誌』はその役割を任じたのであった。なお「家庭教育」とは、子どもの躾や家族への感化のみならず家庭にあって学ぶこともさしている。これ以後『婦女雑誌』には、石崎政氿「家政学」（第三巻第九～二四号　明治二六年五月一日～一二月一五日　全八回）・内山正如「家政雑俎」（第四巻第一六～二〇号　明治二七年八月一五日～一〇月一五日　全五回）など「家政」に関する記事が多くみられるようになった。特に家計について紙数が費やされており、開戦後留守宅を守るうえでやりくりが重要になることに備えるものであった。

『日本之女学』『婦女子』『婦女雑誌』など博文館の雑誌が展開した「女学」は、欧化主義の風潮や大日本帝国憲法が制定されて政治の変革期を迎えている中で日本の女として身につけなければならないものが看過されることに警鐘を鳴らし、「女大学」「四行」など従来より女の言動の規範とされてきたものをふまえて「我国固有の女徳」を身につけるよう女を導くことをめざした。その内容は読者が日常生活を「今日開明の世」にふさわしいものへと「改良」していくために必要な知識や技術・心構えなどを備えており、女が自らを「改良」していく術となった。ここに、識者が論じる「女学」から女が自らを変えていく方途としての「女学」への変化をみることができる。また「我国固有の女徳」を培うよう説いたことには、日本人として、女として、自らの役割を誇りを持って全うするよう導かんとする思いも込められていたのである。

第三節　女子教育の発展の中で

『女学世界』の創刊とその時代

明治三四（一九〇一）年一月五日に、博文館は『女学世界』（写真6）を創刊した。『婦女雑誌』は既に明治二八年一月に『太陽』に統合されていたが、明治三二年二月七日に高等女学校令が公布され、女子英学塾（明治三三年九月開校）・私立東京女医学校（同年一二月開校）などが開校して女子教育の隆盛が図られる中で、博文館は「女子教育普及発達の為め」に『女学世界』を創刊したのである。[57] またそれは、「女学」の雑誌の再興をも意味した。

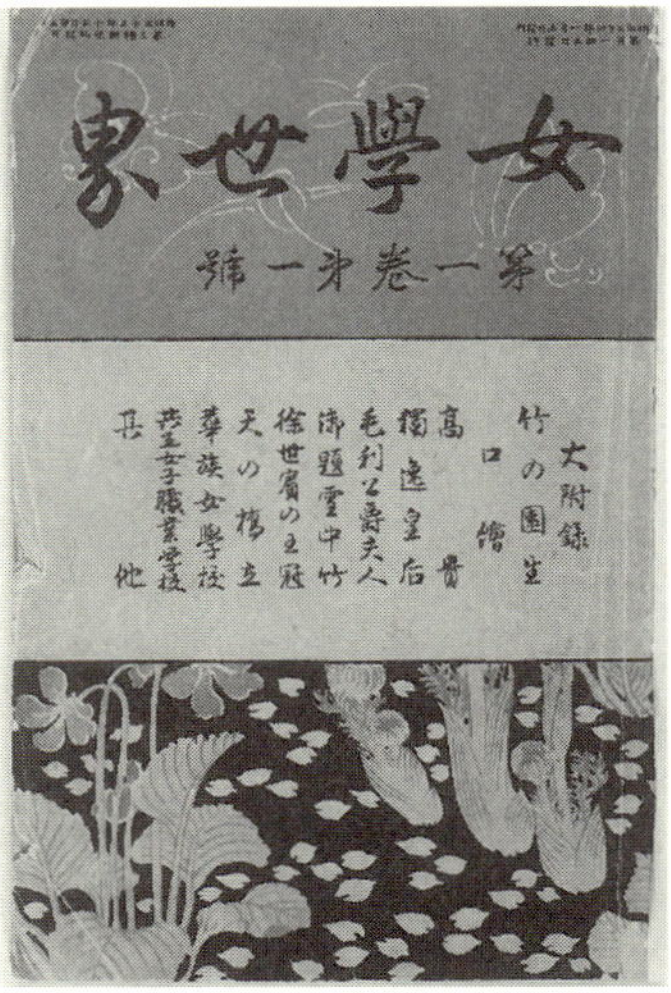

写真6　『女学世界』創刊号（明治文庫所蔵）

明治二七年七月に締結された日英通商航海条約を皮切りに、明治三二年までに各国との間で治外法権の撤廃・内地雑居などを実現したことは、日清戦争で勝利したものの三国干渉により清国に遼東半島を返還して以来抱かされていた「臥薪嘗胆」の思いを払拭した。福沢諭吉はこのような社会の変化を女が変わる契機ととらえ、「正に此の機に乗じ、蹶起して男尊女卑の陋習を退治するに非ざれば、我が日本の国光に永く一大汚点を遺すの憾みあらんとす」という思いを以て明治三二年に「女大学評論」「新女大学」を著したのである。[58] また明治三三年に発生した北清事変で日本が軍事力を示したことにより翌年から日英同盟の交渉が開始されたことは日本人にアジアの雄としての誇りを意識させ、奥村五百子は「願くは君達が、半襟一掛の用を節し、其の資を積みて之に充てよ」とよびかけて明治三四年三月二日に愛国婦人会を結成した。[59] 日本が世界の中で地位を築いていることは女が変わることへの期待を抱かせており、『女学世界』はこのような気運の中で創刊されたのである。

『女学世界』は、創刊当初は月刊に年四回の定期増刊号を加えて年一六回発行し、一部二〇八ページで価格は『中学世界』と同様二〇銭であった。最盛期の発行部数は八万部に及んだとされており、[60]「博文館時代」とよばれた明治三〇年代のみならず、実業之日本社が隆盛を誇った明治四〇年代においてもさらなる発展を遂げたのである。創刊から第一七巻第七号（大正六年七月一日）までは、『最暗黒之東京』（国民新聞社　明治二六年）などで知られる松原岩五郎（慶応二年八月六日～昭和一〇年二月二六日、就任時三五歳）が編集主任を勤めた。

『女学世界』は、創刊の趣旨を次のように述べている。

弊館茲に本誌を発刊せむとするは、方今の女子教育の欠ける所を補はむとするの微衷に外ならず。遍く女子教育に経験ある諸大家の寄稿を仰ぎ、あらゆる女子に必要なる事柄を網羅し、学を進め、智を開くと共に、其徳を清淑にし、其情を優美にし、家政に通暁せしめ、女子に必要なる芸能を自得せしめ、以て賢母、良妻たるに資せむと欲す。日本には、日本女子の美徳美風あり。妄りに外国に模擬すべからず。また女子は学芸のみに偏すべからず、良妻たり賢女たり、家政の主配者たるの覚悟、最も必要也。これ本誌の意を致す所也。願くは遍く日本の家庭に入りて、其友となり、其忠告者となり、其慰謝者となるを得む。[61]

『女学世界』は、『日本之女学』以来の博文館の「女学」の雑誌の志を受け継ぎ、「日本には、日本女子の美徳美風あり。妄りに外国に模擬すべからず」を旨とした。『女学世界』が「あらゆる女子」に「遍く女子教育に経験ある諸大家の寄稿」を供すると謳ったことは、学校教育を受けることができない女にも学びの場を供することを意味し、「方今の女子教育の欠ける所を補はむ」の言にはその思いも込められている。また『女学世界』は、読者が「良妻たり賢女たり、家政の主配者たるの覚悟」を身につけるよう知識・技術や心の糧となるものを供するのみならず、読者の「友」「忠告者」「慰謝者」たらんとした。このような「女学」は、『女学雑誌』のように識者が女について論じるものとは性質を異にし、また従来の博文館の「女学」の雑誌とも異なる関係を読者と築いていくものであった。

ここでは、『女学世界』が展開した「女学」の内容を明らかにし、どのような女を育成することを意図していたのかを明らかにしていく。

学びの場として

『女学世界』は創刊号から第七巻第一六号（明治四〇年一二月五日）まで、「論説」・「講義」（古典文学）・「学術」（科学・歴史など）・「技芸」（裁縫・割烹など）・「小説」「家庭」「文苑」・「才媛詞藻」（投稿）などの欄を設けていた。「論説」欄（第一巻第一号～第三巻第三～一三号　明治三四年一月五日～三六年一〇月五日）は、「江湖」欄（第三巻第五・六号　明治三六年四月五日・五月五日）・「時論」欄（第三巻第一四～一六号　明治三六年一一月五日～一二月五日、第四巻第六号～第六巻第一六号　三七年五月五日～三九年一二月五日　第七巻第一一～一三号　四〇年八月五日～一〇月五日）・「巻首」欄（第四巻第一～三号　明治三七年一月一日～三月五日）・「時報」欄（第四巻第五号　明治三七年四月五日）などと名称を変えながら継続し、棚橋絢子・塚本ハマ・下田次郎・中川謙二郎ら多くの執筆者を迎えた。特に明治三一年に帝国婦人協会を結成し翌年四月に同協会附属実践女学校を開校した下田歌子や明治三五年四月に三輪田高等女学校を開校した三輪田真佐子、明治三六年一〇月に私立女子商業学校を開校した嘉悦孝子らの寄稿は、女子教育の新しい風を伝えたのである。なお編集主任である松原岩五郎は、懸賞文の批評や小説数編の執筆はみられるが、「論説」欄へは執筆していない。松原が主筆として筆を執るよりも、多彩な「諸大家」の寄稿を掲載する方がさまざまな境遇にある読者に対応することができるため、「諸大家の寄稿」を以て『女学世界』の主張と位置づけて多くの読者を導くことを意図していたためと考えられる。

「講義」「学術」「技芸」などの欄の内容は女子教育機関で設けられていた学科目を反映しており、「学術」「技芸」欄は第一巻第五号（明治三四年四月五日）で合併して「学芸」欄となった後、第三巻第一号（明治三六年一月一日）より「文芸」「科学」欄となった。第二巻第一三号（明治三五年一〇月五日）からは英会話もとりあげている。また「才媛詞藻」欄は、読者が和歌・文章・新体詩などを投稿して文章を競うとともに自己表現・自己主張することを修練する場であった(62)。特に読者から投稿を募って年に四回刊行した定期増刊号は、『女学雑誌』や『日本之女学』など従来の「女学」の雑誌と異なる点である(63)。

「家庭」欄では、塚本ハマ・嘉悦孝子ら女子教育関係者や大町桂月ら博文館館員が筆を執り、裁縫・割烹などに関する知識や技術を教授するとともに、これらを学ぶ意義についても説いた。なお各欄が新設・廃止を繰り返した中で「家庭」欄のみが存続したことは、ここで提示される「女学」が最も多くの読者に求められていたことを示している。その他日露戦争期には、「時局雑俎」など時事に関する欄や軍人の家庭の様子を紹介する「軍人の家庭」欄も設けられた。

その後第八巻第一号（明治四一年一月一日）より各欄の区分がなくなったが(64)、「論説」欄・「家庭」欄と同様の内容の記事は継続して掲載され執筆者もあまり変化はない。ただし「寄書家」（第四章）の活躍によりこれらの記事の数は減少し、替わって寄書家が多様な女の姿を描き出すようになった。

また『女学世界』は創刊号より「学事」欄を設けて学校紹介や学則などを掲載し巻頭でも女学生の写真を掲げたほか、私立東京女医学校や東京女学館などの生徒募集広告や中学校・師範学校・高等女学校・農学校等の教科書や参考書などのリストを掲載し、遊学を志す読者に情報を提供した。『女学講義』『をんな』（大日本女学会機関誌）など、他の「女学」の雑誌の広告も掲載している。一方「速記法自宅独習生募集」や「婦人の職業に適す」と謳った「写真器械（二円より）」などの広告を掲載し読者に生活の糧を得る途を示したほか、「酒類営業者は一刻も早く本法を応用し一挙して大利益を占得せよ」と謳った日本授産館の広告のように、職業というよりは金儲けに関する情報を提供するものもみられる。進学や就業など読者が人生を拓き生活の糧を得る一助となる情報を提示したことは、『女学世界』が展開した「女学」の特徴の一つである。

このような内容を備えた『女学世界』に対し、読者は次のような感想を寄せている。

女が徳をつみ智を磨くべき境はなほいとせまく都遠き片山里にすむ少女等は学ぶに地なく就くに師なきをかこつらめと日頃本意なく思ひ渡りつるにこたび女学世界といふ文巻のすりいだされしこそうれしけれあはれこの世界よ徳を養ひ道を修むべきことどもをはじめとし智をつみ識をひろむべき学の術ならひて行を正すべきむかし人の伝記さてはたちぬひ調理などの女が日々のつとめにいたるまで残るかたなう集められ殊になべていたりふかき君たちの世のため女を益せんとて心をこめて物せられし(65)

『女学世界』の魅力は、「都遠き片山里」に住み「学ぶに地なく就くに師なきをかこつ」者に、「徳を養ひ道を修む」「智をつみ識をひろむ」途を拓き「日々のつとめ」に役立つ知識や技術を供する点にあったのである。明治三二（一八九九）年に高等女学校令が施行され、またその他の女子教育機関も多く創設されるなど女子教育の拡充が図られていたが、その恩恵を受けることができるのはごく一部でしかなく、勉学の機会を得ることすらできないのが多くの女の実情であった。このような中で『女学世界』の読者は、「講義」欄や「伝記」欄で学び「家庭」欄で得た「たちぬひ調理」に関する知識や技術を日常の営みに生かすことにより、時代の子として生きる実感を得たのである。

そして創刊間もない第一巻第七号（明治三四年六月五日）で、『女学世界』は「家政実務」に関する内容の充実を図る誌面改良を行った。その趣旨は次のようである。

> 今や女子教育の必要は一般社会の確認する処となり、本邦に於ける女子の教育は是より将さに其の成熟期に入らんとするに際し、一家の主婦として女子に必要欠ぐ《ママ》べからざるは家政実務の習得にあり（中略）次号誌上より新たに家政実務の欄を増設し理論に於ては「礼法」「算術」「家政簿記」「衛生大意」「室内装飾」「菓樹栽培」の各部に別ち、実務に於ては、「交際の法」「看護の法」「厨房の整理」「飲食の調理」「衣服の調製」「洗濯」「燃料及燈油に関する経済」、等の細事に及び、それ〴〵専門の大家、知名の賢媛に寄稿を求め、斯くして理論に基き実際を離れず、出ては社交の務を尽し、入つては家庭を整理し、高尚の心を以て卑事に多能ならしめ、以て良妻賢母の務を完成せしめんと期す、此の外、猶◉図案◉音楽の二科を増設し、一は女子工芸上の意匠に資し一は交際上に必要なる美術文学の嗜好を進め高尚にして閑雅なる婦人の特性を涵養せしめんとす。其他従来の各記事は、いづれも其の材料を精撰し、虚飾に流れず、浮華に陥らず、有益にして且つ趣味深きものを蒐め名実共に女学の栞、家庭の重宝たらしめんとす。(66)

『女学世界』は「家政実務」を「卑事」とよぶとともに、それが幅広い理論と多様な技術を要することを示した。その理由は、「高尚」な知識や技術を身につけたことに驕り「家政実務」を忌避することが女子教育の弊害として指摘されている中で、『女学世界』は読者を「卑事に多能」たらしめることにより従来の女子教育の轍を踏まず勤勉に日常生活を営む有為な存在たらしめんとしたからである。また「虚飾」「浮華」を戒める中で「趣味深き」内容を提示することは、「高尚にして卑事に多能」なる婦人の育成に不可欠であった。

「改良」の内容についてみていくと、「算術」は「家政簿記」と「衣服の調製」に欠かせないものである。この誌面改良以後、『女学世界』には家計や経済に関する記事が「家庭」欄のみならず「論説」欄にもみられるようになり、特に「家庭」欄では嘉悦孝子がしばしば筆を執った。また女学生に金銭出納帳を記入するよう説く記事もみられる。(67)

「礼法」「交際の法」については、『女学世界』は創刊号より「社交」欄を設けて他家を訪問する時や来客を迎える時のマナーなどについて論じていたほか、第一巻第七号（明治三四年六月五日）より「礼法」欄で田島秀子が「女子の作法」を連載し、「起様《たちやう》」「行歩《こうほ》」「坐し様」などについて詳しく述べた。「家政実務」として「交際」をとりあげ、女の立ち居振る舞いについて「社交」「交際」という観点から説かれているのは、「礼法」が女の嗜みとしてだけでなく家事の実務において必要とされていたからである。また『女学世界』は表紙の裏に三井呉服店の広告を掲載し、「流行」欄では三井呉服店や大丸呉服店などの商品を価格とともに紹介した。渋川柳太郎が「田舎漢が見たら三越とは何かと思ふぢやらう。（中略）此椋十はタヾノ田舎漢とは田舎漢が違ふ、三越は化物ぢやない、呉服やぢやと申す事をチヤアンと心得て居る。平生新聞の広告を精読して居るお庇ぢや」と述べたように、[68]三井呉服店（三越）に関する知識は新聞を読み世の中のあり方を把握している証左であり、それを話題にすることは「出ては社交の務を尽」すうえで必要であった。そのため『女学世界』は、三井呉服店などの商品に関する情報をも「女学」として示したのである。

「衛生大意」「看護の法」については佐藤恒久が「素人看病法」を連載したほか育児に関する記事もみられ、「夏の看護法」では特に子どもについて注意すべきことがとりあげられている。[69]また『女学世界』には、吉田賢『妊婦必読安産の心得』（保成堂　明治三〇年）・鈴木准二編『通俗婦人の衛生』（吐鳳堂　明治三三年、総ふりがなつき）など病気や出産に役立つ知識が得られる書籍や、「調経丸」（日新館薬房）・「晴光水（目薬）」・「九仙散（虫歯の薬）」（調剤本舗名達半十郎）など取り寄せで購入できる薬の広告が多くみられる。病気について調べられる書籍や薬を入手する方法に関する情報は、読者が家庭の中で「看護」という役割を全うし「衛生」に配慮された家庭を形成するうえで役立つのである。

「図案」については、『女学世界』は創刊当初より「技芸」欄を設け、造花・裁縫などに関する記事を掲載していた。この誌面改良後に「刺繍図案」の連載を開始し、図案を描く際の要点について論じるだけでなく、紙に写し取ってそのまま利用できる図案を掲載するなど刺繍の技術を身につけようとする読者に便宜を図るようになった。また『女学世界』は創刊号より「娯楽」欄を設けていたが、その内容は「雪すべり」「雛祭り」「汐干狩」など伝統的な遊びが中心であった。この誌面改良後に大林小星が第一巻第九・一〇号（明治三四年七月五日・八月五日）に連載した「音楽の栞」では、五線譜に書かれた楽譜をイロハニホヘト音階で読み、風琴の鍵盤についても解説している。明治三六年以降に日本女子大学校の白井規矩郎が唱歌や遊び歌などについて執筆するようになり、音楽に関する内容が充実した。なお『女学世界』は創刊号より同文館楽器校具店（東京市神田区）・共益商社楽器店（東京市京橋区）などの広告を掲載しているが、風琴の価格は最低でも一六円、山葉の手風琴でも二円五〇銭からであるため、このような広告や記事は読者に音楽を知らしめるものではあるものの、この広告をみて購入した読者がどのくらいいたかは疑問である。

投稿誌としての『女学世界』

『女学世界』が展開した「女学」の最大の特徴は、読者からの投稿がさかんで、その中で女のあり方が示されたことである。読者からの投稿は毎号「才媛詞藻」欄に掲載されたほか、年に四回刊行した定期増刊号（表3）では小説・消息文・和歌・新体詩などを募集し、入賞作品には図書切符などの賞品が贈られた。懸賞文は読者の向上心や名誉心を刺激し、『女学世界』の欠かせない魅力となったのである。なお博文館が発行している雑誌や書籍の広告が『女学世界』に掲載されているのは当然であるが、他社発行の雑誌についても読者から投稿を募るものについては広告を掲載しており[70]、女が筆を執り文章を綴るということへの『女学世界』の関心の高さが表れている。また読者の中にも、『女子文壇』『文章世界』などを併せて購読している者が多かったようである。

第一巻第四号〜第三巻第一五号（明治三四年三月一五日〜三六年一一月一五日）までの定期増刊号につけられた「壺すみれ」などの名称は、そのお題にそった作品を募集するのではなく、俳句の季語や和歌のお題としてよく用いられる語を付すことにより読者の文学への関心を喚起し応募を促すものである。第四巻第四号〜第八巻第一二号（明治三七年三月一五日〜四一年九月一五日）までの定期増刊号は、読者から投稿を募るのではなく「世界各国の家庭」「女重宝記」などのテーマに基づいた特集で（第五巻第六号　明治三八年四月一五日を除く）、読者の日常生活に役立つ知識を提供するとともに社会に対する眼を養わせることを意図していた。そして第八巻第一五号（明治四一年一一月一五日）より「心の日記」などのテーマを設定して懸賞文の募集を再開し、以後九年にわたって継続したのである。

第一回目の定期増刊号（第一巻第四号）は「壺すみれ」と題し(71)、『女学世界』は次のように読者によびかけ投稿を募った。

我が女学世界は名媛才女の詞藻をして江湖に紹介せんが為めに、四季に定期増刊を行ひ、題して『つぼすみれ』と云ふ、その第一回春の巻に収むべき資料を一大賞を懸けて汎く天下に募らむとす、此巻は紙数二百頁を超え、その三分の二を懸賞文に充て、剰余の部分には女界第一流の筆に成れる佳篇傑作を蒐む、時はこれ和気藹々たる陽春に際せり、天下の妙齢才媛の此好季に方りて、大に神を養ひ想を練りて佳作玉詠を寄せ、以て新春の文壇に光彩を放たんことを望む(72)

読者からの応募作品に「女界第一流の筆に成れる佳篇傑作」よりも多くのスペースを割こうとしていることに、読者に対する『女学世界』の期待の大きさをみることができる。『女学世界』は甲賞二円（一人）・乙賞一円（三人）などの賞金を設け（いずれも博文館の図書切符）、読者に投稿を促した。また掲載作品に評を付したことも、読者の意欲を喚起するのに役立った。

定期増刊号「壺すみれ」に寄せられた作品を、編集主任の松原は次のように評している。

表3　『女学世界』定期増刊号の名称・テーマ一覧

巻－号	刊行年月日	募集テーマ	備考
第1巻第4号	明治34年3月15日	壺すみれ	懸賞文（以下同）
第1巻第8号	34年6月15日	花あやめ	
第1巻第12号	34年9月15日	糸すすき	
第1巻第15号	34年11月15日	磯ちどり	
第2巻第4号	35年3月15日	若草	
第2巻第8号	35年6月15日	ほとゝぎす	
第2巻第12号	35年9月15日	初もみぢ	
第2巻第15号	35年11月15日	冬木立	
第3巻第4号	36年3月15日	花にしき	
第3巻第8号	36年6月15日	姫百合	
第3巻第12号	36年9月15日	花すゝき	
第3巻第15号	36年11月15日	玉あられ	
第4巻第4号	37年3月15日	女学校生活	
第4巻第8号	37年6月15日	婦人壮烈譚	
第4巻第12号	37年9月15日	社会百生活	一部投稿
第4巻第15号	37年11月15日	家庭十二ヶ月	歳時記的内容
第5巻第2号	38年1月15日	小天地	小説の特集
第5巻第6号	38年4月15日	閨秀文壇	懸賞小説
第5巻第10号	38年7月15日	世界各国の家庭	
第5巻第14号	38年10月15日	当世交際社会	
第6巻第2号	39年1月15日	女重宝記	
第6巻第6号	39年4月15日	女玉手箱	「修学の栞」「家の宝」など
第6巻第10号	39年7月15日	家庭百生活	重宝記
第6巻第14号	39年10月15日	女智恵袋	
第7巻第2号	40年1月20日	宝の蔵	
第7巻第6号	40年4月15日	婦人博覧会	
第7巻第9号	40年6月15日	現代婦人成功立志談	
第7巻第14号	40年10月15日	処世百話	
第8巻第2号	41年1月15日	都会生活	
第8巻第7号	41年5月15日	運命開拓法	
第8巻第12号	41年9月15日	女日かゞみ	
第8巻第15号	41年11月15日	心の日記	懸賞募集を再開（以下同）
第9巻第2号	42年1月15日	心の秘密	
第9巻第12号	42年7月15日	滑稽智恵競べ	
第9巻第15号	42年11月15日	嫁に行く人	
第10巻第2号	43年1月15日	マダム振り	
第10巻第7号	43年5月15日	世渡り上手	
第10巻第15号	43年11月15日	日常生活の教訓	
第11巻第2号	44年1月15日	光栄ある人生の春	
第11巻第6号	44年4月15日	さまざまの家風	
第11巻第12号	44年9月15日	姿見かゞみ	
第12巻第2号	45年1月15日	花籠	
第12巻第6号	45年4月15日	悲劇十番	
第12巻第9号	45年6月15日	月宮殿	博文館創業25周年記念
第12巻第14号	大正元年10月15日	嫌はれる人好かれる人	
第13巻第2号	2年1月15日	新しい女と古い女	
第13巻第7号	2年5月15日	理想の人実際の人	
第13巻第12号	2年9月15日	古今人情くらべ	
第13巻第15号	2年11月15日	奥様の手帳	
第14巻第2号	3年1月15日	名婦の面影	
第14巻第6号	3年4月10日	よろづ重宝記	
第14巻第11号	3年9月1日	名流昔日譚	
第15巻第11号	4年10月10日	家風の罪	
第16巻第6号	5年5月10日	我儘娘の一生	

本号定期増刊『壺すみれ』の懸賞に応じて参ツた小説は都合三十五種で其中やゝ選者の眼を惹くに足るほどの作

は僅に四五種に過ぎなかツたのである。（中略）小説の結構を筆の上に仕組むほどの力量と見地とがなくて、どうして此錯雑せる世の中に立つて、一家を経営し一家を維持して行く事が出来やうかといふ、頗る放胆的な女子教育意見を主持する記者の微志であツた。

（中略）

扨て茲に選者の希望を述べんか、応募者は小説を作るといふよりはまづ小説をものするといふ考へで遣つて頂きたい（中略）応募者は唯或る事の側面を一寸面白く或は眼前の小景を捉へてそれを詩化するだけで事は足る、そして多くの人が面の小観察小観念を寄与する事にしたらば面白からうと思ふ。(73)

松原は『女学世界』の読者に、自身の境遇や社会を見る眼を養い、それを記述するという小説修行を求めたのである。松原が自らを「放胆的」としたのは、女が文章を書くことはもとより小説を読むことに対しても批判的な眼が向けられがちな中で、(74)『女学世界』の読者に小説の筆を執ることを勧めたからであった。松原は「小説の結構を筆の上に仕組むほどの力量と見地とがなくて、どうして此錯雑せる世の中に立つて一家を経営し一家を維持して行く事が出来やうか」と説き、筆を執り文章を綴ることが家庭の担い手という役割を全うするうえで役立つと位置づけて投稿を促したのである。

さらに定期増刊号「初もみぢ」（第二巻第一二号　明治三五年九月一五日）の懸賞文の募集では、『女学世界』は読者に対し次のようによびかけた。

歌は心の花なり、文章は思想の錦なり、うるはしかるべき婦人にして其の心に花のかざりなく、思想に錦のよそほいなかりせば、如何ばかりもの足らぬ心地さるべき、昭代教育の発展に伴ふて、女子の文芸は著るしく其歩を進めぬ、茲に女学世界の才媛詞藻は来るべき秋涼の好季節を以て又更に其の定期増刊を発刊せんとす「初もみぢ」即ち是なり、さればうるはしき心の花の一ひら、いみじき思想の錦の一片を寄せて我が才媛文壇を飾られん

事を[75]

『女学世界』は、「歌」「文章」を記す手腕を「花のかざり」「錦のよそほい」とよんで女の魅力の一つとしたのである。特に「文章は思想の錦なり」との言は、充実した内面世界なくして秀逸な文章を綴り得ないことを示し、懸賞文を単に文才を競うものではなく修養に資すると意義づけて投稿を促さんとするものであった。

第八巻第一五号（明治四一年一一月一五日）より、『女学世界』は定期増刊号における懸賞文の募集を再開した。その理由について編集主任の松原は、「名家の教訓や、実際家の経験談以外、うるほひのある雑誌の読物の一として才媛の懸賞文募集を企てた」と述べている。[76]読者からの投稿には「名家の教訓」にはない「うるほひ」があると考えた『女学世界』は、投稿が雑誌に新たな魅力を与えることを期待し懸賞文を募集したのであった。また『女子文壇』（女子文壇社　明治三八年一月）・『文章世界』（博文館　明治三九年三月）などが創刊され、青年の投稿熱が高まっていたことも懸賞文の募集を再開した一因である。第八巻第一五号は、「心の日記」をテーマとした。

その募集にあたり、『女学世界』は次のように述べている。

凡そ婦人にして日々の務のなきはあらじ、日記は即ちこの日々の務の記録なり

（中略）

日々の心の働きに至りては各人皆別々の趣きありて千種万様の態あるべし、即ち物に触れ事に関はりて千変万化する性情の働きを見るべきなり、この働きを写したるものを「心の日記」として見れば却々に興味あるものならん（中略）真実の心を写して詐らず、真の事を写して飾らず、有の儘の境遇、有の儘の心持、自然の様を記して投じたまへ。[77]

『女学世界』は、「千種万様の態」の境遇にある読者に、「日々の務」をめぐる「千変万化する性情の働き」を描くようよびかけた。なお「真実の心を写して詐らず、真の事を写して飾らず、有の儘の境遇、有の儘の心持、自然の様

を記して投じたまへ」という読者に対するよびかけは当時隆盛をみていた自然主義文学の理念に通じるもので、文学に興味を持つ読者の関心を喚起するうえで効果的であったと思われる。

この募集に対する読者の反応は、『女学世界』にとって予想外のものであったようである。定期増刊号の予告で、『女学世界』は次のように述べている。

こゝろの日記は現代婦人の内心を描写したるものなり、平常慎み深き婦人がこの好機会を得て、十年の沈黙を破り、金玉の文字を惜気もなく寄せられたるは、編者の深く謝する処ろなり。（中略）変化極りなき現時代に処し、境遇の幾変転ありし這個婦人の心中の機微はこの日記によりて描き尽されたり。要するに是れ、現代生活の影、思想の響にして翫味し来れば又以て婦人処世の方便たるべし。(78)

『女学世界』は、「平常慎み深き婦人」が綴った「境遇の幾変転ありし言個婦人の心中の機微」に、「変化極りなき現時代」における「婦人処世の方便」を見出したのである。そこで『女学世界』は、「心の日記」・「心の秘密」（第九巻第二号　明治四二年一月一五日）では三〇円であった懸賞文の第一等の賞金を「嫁に行く人」（第九巻第一五号　明治四二年一一月一五日）より五〇円としたほか第四等まで賞金を設置し、投稿を促したのであった（第四等の賞金は一〇円）。『中学世界』では懸賞文の第一等の賞金が五円であったのと比較すると破格の賞金で、(79)読者が描き出す「婦人処世の方便」に対する『女学世界』の期待を物語っている。(80)

その後『女学世界』は、定期増刊号「嫁に行く人」・「マダム振り」（第一〇巻第二号　明治四三年一月一五日）を募集し、読者に妻・母の姿を描き出させることを意図した。「嫁に行く人」の懸賞文の募集にあたり、『女学世界』は読者に次のようによびかけている。

大きい女は大きく望めど大望必らずしも幸福ならず、一般に虚栄心の強き女は成功すれど、向上心に燃ゆるものにして又失敗不遇に終る者あり、品性水晶のごとく高潔にして却つて人に嫌はる、女あり、人格豚の如く賤しくして却つて人に好かる丶者世間中々に多し（中略）人事の中にありて最も微妙の関係ある結婚に就ては多く理窟を並べんよりは実際の事実を示すに如かず事実は真に活ける教訓なり(81)

社会の変化が、「人に好かる丶者」とはいかなる女かという基準に揺らぎをもたらしていると考えた『女学世界』は、女の生き方に大きく関わる結婚をとりあげ、読者が記した「実際の事実」からどのような女が求められているかを明らかにし、「真に活ける教訓」として示すことを試みたのである。

一方、定期増刊号「マダム振り」は次のような趣旨によった。

マダムは女性が理想の一部を現実したるものにて婦人光栄の表彰なり、光栄のあるところは嫉みの集るところなり、マダムは女性の品位なり、又権威なり而して又歓楽を伴ふ、由来歓楽の満つるところに患難生じ来たる、女性はマダムとなつてこの光栄と嫉みを受け、この歓楽と患難を受く、彼女は如何にしてこの間に処すべきか、吾人は光彩あるマダム振りの描写によつてその暗示を得んと欲す(82)。

『女学世界』は「マダム」の語義を「新奥様」とし(83)、「マダム」の語を以て読者に新しい女のあり方を描かせようとしたのである。なお入賞し掲載された作品は下女などを雇わず自ら家事をする女を描いているものが多く、所謂「奥様」というイメージを以てみられる女ではない。『女学世界』は、このような境遇にある女が「婦人処世の方便」「真に活ける教訓」を模索する場であったのである。

大正期の『女学世界』

博文館は大正六（一九一七）年六月に、創業三〇周年を迎えたことを機に人事異動を行った。松原岩五郎は『女学世界』の編集主任から嘱託となり（松原五一歳）、第一七巻第八号（大正六年八月一日）より早稲田大学出身の岡村千秋が編集主任となった。

岡村は「編輯後に」で、『女学世界』の編集主任としての思いを次のように述べている。

出来るだけ若い時代の見方、皆様の唯一の共鳴者と云ふ心を第一として、出来るだけの努力を払つて編輯致しました。

社会が複雑になり、種々の思想が混沌たる此頃は若き皆様にとつては、どう自分の道を歩むべきかは、全く皆様の胸底にひそむ一つの悩みとなつてゐると存じます。(84)

『女子文壇』（大正二年八月廃刊）・『青鞜』（大正五年二月廃刊）が姿を消した一方で、大正六年に『婦人公論』（中央公論社　一月創刊）・『主婦之友』（主婦之友社　二月創刊）が創刊され人気を博す中、『女学世界』は編集方針を見直すことが求められていた。当時人気を誇っていた『主婦之友』は中流家庭の主婦を対象に実用的な知識を与えることを目的としており、一方『婦人公論』は芳川鎌子の心中事件（大正六年三月）を同年四月号でとりあげたように、結婚や離婚・男女交際などをめぐる問題について読者に問いかけるという特徴を備えた雑誌である。

このような中で『女学世界』は、「社会が複雑になり、種々の思想が混沌たる」中で生きる「若き皆様」を導くことに「女学」の雑誌としての役割を見出したのである。『女学世界』は「女学新聞」（第一七巻第九号　大正六年九月一日）・「女学校通信」（第一七巻第一一号　大正六年一一月一日）を連載したほか職業に関する投稿の募集もさかんに行い、『主婦之友』など主婦を対象とする雑誌と競合するのではなく女学生や職業に従事する女を主たる対象とし、また投稿誌としての性質を維持することで雑誌の特徴を打ち出し生き残りを図ったのであった。岡村は「誌友倶楽部」（第四章第一節）にさまざまなコメントをしているほか「編輯室より」で編集者としての意図や投稿に対する感想を率直に語っており、読者とともに誌面作りをしていこうとする意志がみられる。

しかし第一七巻第九号（大正六年九月一日）から掲載を開始した「小品」は八〇〇字以内と短く、第一八巻第八号（大正七年八月一日）に始まった「六十行小説」も同様であった。そのため明治四〇年代の定期増刊号のように大作が生まれ、読者が投稿作品をめぐって議論を展開することはなかったのである。加えて教育家などによる啓蒙的・教訓的な記事が減少し、中村星湖・上司小剣ら新進の小説家が『女学世界』の誌面を支えるようになっていたことも、『女学世界』が女の生き方を模索する場としての性質を希薄にした一因であった。その結果、『女学世界』は四度の値上げ（第一六巻第四号　大正五年四月一日・二三銭・第一八巻第一二号　大正七年一二月一日・二八銭・第二〇巻第五号　大正九年五月一日・三五銭・第二一巻第二号　大正一〇年二月一日・四〇銭）を敢行することとなったのである。

『女学世界』は「愛読者大会」（大正一一年五月二一日　小石川植物園）を開催してもかつての輝きを取り戻すことはできず、大正一四（一九二五）年六月一日に発行した第二五巻第六号を以て廃刊し、『家庭雑誌』（博文館　大正四年六月一日創刊）に吸収されることとなった。廃刊の理由を、岡村は次のように述べている。

> いろ〳〵と新奇を欲する普通一般の読者の心理を究めずに、只暖簾の力と永い歴史の蔭にかくれて、たうとう人気をなくしてしまつたのは、偏に、記者の不明の致すところで又誰をか怨まんやであります。
>
> （中略）
>
> 本誌は廃刊しましたが、事実は『家庭雑誌』と合同して婦人雑誌界に全く面目を新たにした活躍をすることになつてゐます。何卒本誌同様新たなる『家庭雑誌』に倍旧の御同情あらんことを切望いたします(85)

岡村は、「いろ〳〵と新奇を欲する普通一般の読者の心理」に応え得なかったことを廃刊の理由としてあげている。『主婦之友』『婦人公論』などの新しい雑誌が登場したのみならず、『婦女界』（同文館　明治四三年三月創刊）が読者からの投稿を編集の中心とするという改革を行ったことにより大正一三年には二九一万部を発行するなど明治期から続く雑誌も改良により存続を図っている中で(86)、「暖簾の力と永い歴史」に依存していた『女学世界』の廃刊は避け難いものであった。

なお『女学世界』は最終号においても懸賞文を募集しており、『家庭雑誌』でその世界を継承していく意志があったと思われる。一方『家庭雑誌』は、[87]「一般の暮し向に合せて、誰れにでも買ひ得る安い値段にて本誌を作り、記事には、実際の生活に合ふもののみを集め、無駄の文字、毒になる話、分りにくい理屈などは、一切省く」ことを旨とする雑誌であった。[88]『女学世界』廃刊時の『家庭雑誌』が現存していないため『女学世界』がどのような形で『家庭雑誌』に吸収されたかは不明であるが、「記事には、実際の生活に合ふもののみを集め」という編集方針は『女学世界』の趣旨とは反するため、『家庭雑誌』が「女学」の雑誌としての性質を継承し得たとは考え難い。

『女学世界』では読者自らが女のあり方を描いて模索し、『女学世界』はその場としての役割を担った。当初男が女のあり方を議論することを目的としていた「女学」の雑誌は、女子教育の拡大により雑誌の購読者が増加する中で、女が自らの生きる途を模索する場となったのである。

註

(1) 「女学の解（社説）」『女学雑誌』第一一一号　明治二一年五月二六日。
(2) 「婦人に関する新語」『東京経済雑誌』第四一九号　明治二一年五月一九日。
(3) 「女学の解（社説）」『女学雑誌』第一一一号　明治二一年五月二六日。
(4) 同書は、国立国会図書館に所蔵されている図書のうち、書名に「女学」の語が付されており明治以降に刊行されたことが判明しているものの中で最も古いものである（平成一八年四月二二日現在）。
(5) 末松謙澄『修身女訓』巻之三　精華舎　明治二六年　一三～一四丁。
(6) 吉武快男『稲作改良並駆虫及竈改良実験説』（吉武快男　明治一七年）・マイヨーほか『蚕糸改良新説』（八木半三郎　明治一九年）などが刊行された。
(7) 伊東洋二郎『仏教各宗内部改良論』（仏燈舎　明治一九年）などが刊行された。
(8) 末松謙澄『演劇改良意見』（文学社　明治一九年）・坪内逍遙『劇場改良法』（大阪出版　明治一九年）などが刊行された。
(9) 『東京日日新聞』明治一七年六月一一日。
(10) 「『女学新誌』発行の主旨」『女学新誌』第一号　明治一七年六月一五日。

(11) 渋川久子「平安貴族社会における女子の教養について」『教育学研究』第二五巻第三号　昭和三三年六月。
(12)「女ハ一の芸あるべし」『女学新誌』第一一号　明治一七年一一月二五日。
(13)「発行の主旨」『女学雑誌』第一号　明治一八年七月二〇日。
(14) 福沢諭吉「日本婦人論」『時事新報』明治一八年六月四～一二日　全八回・同後編　同年七月七～一七日　全一〇回。
(15)『女学叢誌』は「欧米女学の枝折」欄と「女学」欄を設け、前者では「蝶思花心の慰み」というフランスの遊び（男児を「羽虫党」、女児を「草花党」とし、昆虫や植物に関する知識を競い合う）などを紹介し、後者では記紀歌集や和琴・筝などの音楽に関する内容を紹介している。「女学」には欧米から学ぶものと日本古来の文化や技術を学ぶものとがあると考えられており、『女学新誌』や創刊期の『女学雑誌』は主に後者について論じたのである。
(16)「女子と耶蘇教（社説）」『女学雑誌』第三六号　明治一九年九月二五日。
(17) 吉岡弥生女史伝記編纂委員会編集『吉岡弥生伝』吉岡弥生伝記刊行会　昭和四二年（人間の記録63　日本図書センター　平成一〇年　七二頁）。
(18) 渡辺友希絵「明治期における『束髪』奨励――『女学雑誌』を中心として」『女性史学』第一〇号　平成一二年。
(19)「憲法発布、女流に代りて之を祝し且つ之に就て望む（社説）」『女学雑誌』第一四八号　明治二二年二月九日。
(20)「憲法」『女学雑誌』第一四九号　明治二二年二月一六日。
(21)「女学雑誌の一進化」『女学雑誌』第一五七号　明治二二年四月一三日。
(22)「女学雑誌改進大略」『女学雑誌』第二四一号　明治二三年一一月二九日。
(23) 明治二五年九月に民友社より創刊された『家庭雑誌』には「Home Journal」の語が付されているが、明治三六年に由文社より創刊されたものには付されていない。ホームジャーナルは、明治二〇年代に文明化の中で求められた雑誌であったと言える。
(24)『女学雑誌』の明治二二年以降の変化について野辺地清江は、「『女学雑誌』の女論は、帝国憲法発布、教育勅語下賜と、着々と打ち出される国家権力の布石の前に、方途を失って立ちすくみ、次第に精彩を失い、従来の主張を断片的に、折りにふれて繰り返すのみの低調なものとなった」と述べている（野辺地清江『女性解放思想の源流――巌本善治と『女学雑誌』』（校倉書房　昭和五九年　二七頁）。この時期の『女学雑誌』は内容が多様化してきた印象を与えるが、さまざまな問題を羅列しているにすぎず一貫性に欠けている。
(25)「雑誌月刊に改むるの辞（社説）」『女学雑誌』第四〇〇号　明治二七年一〇月六日。

(26)「大日本海外教育会憲法及会則」『女学雑誌』第四〇五号　明治二七年一二月二五日。
(27)相馬黒光『黙移』女性時代社　昭和一一年（人間の記録26　日本図書センター　平成九年　四七頁）。
(28)「東京府下に於ける婦人雑誌概評（二）」『婦女新聞』第一九一号　明治三七年一月一日。
(29)野辺地は、『女学雑誌』明治三七年二月一五日号に廃刊の意を示すものがなく、連載途中のものがあることをあげて、次号が予定されていたとしている（『女性解放思想の源流』六一頁）。
(30)諸橋轍次『大漢和辞典』より　大修館書店　昭和三五年。
(31)坪谷善四郎『博文館五十年史』博文館　昭和一二年　八頁。
(32)『博文館五十年史』一三頁。
(33)博文館が『日本之教学』を創刊した背景には、大橋佐平の仏教への高い関心があった。大橋の母よせは越後長岡藩下上田町で材木商を営む渡辺九左衛門の娘で、長岡町人から崇敬を集めていた真言宗豊山派の金色山徳聖寺に宝篋印塔を奉納したりと熱心に信仰していた。しかし渡辺家は徳聖寺の檀家で九左衛門は出家前から檀頭を務めたほどであるにも関わらず、渡辺家の女は真宗大谷派の真照寺に帰依することとなっていた。そこで大橋は、徳聖寺に帰依することを強く希望する母のために当時経営難にあった三国屋の酒造株を安政三年六月に手にし、次いで文久三年に徳聖寺の門前に居を構える大橋家の姓を継ぐことにより、渡辺家の女が徳聖寺に帰依することを実現したのである。また母の実弟幸助が乙宝寺（現新潟県北蒲原郡中条町）の僧侶で、次男である大橋は長兄の死去までは僧侶になるよう両親から嘱望されていたことも、大橋が仏教に強い関心を抱いていた要因であった。
　その後大橋は、長岡洋学校の卒業生である井上円了や、長興寺（長岡・稽古町）の住職で孤児を収容する救世院を開設し「越後の今釈迦」とよばれた大道長安と関わる中で仏教への関心を高めていった（川口高風「変革期の仏教(5)明治期曹洞宗の活動―原坦山・大内青巒・大道長安」『大法輪』第六九巻第二号　平成一四年）。また大橋は明治一九年三月五日に仏教新聞社より『仏教新聞』を創刊していたが成功とは言い難い結果であったため、『日本之教学』を以て『仏教新聞』への思いを遂げようとしたことが考えられる。なお『日本大家論集』第一号では、「懼情」による信仰心ではなく「智美徳三情ノ円満完結」した「真ニ開明世界ノ宗教智力学者ノ宗教」を模索する井上の「宗教心ハ如何ナル情ヨリ起ル乎」を掲載している。
(34)博文館は、坪谷善四郎のような同郷の学生に記事を執筆させて原稿料を払い学資や生活費を補わせ、卒業後に博文館で採用することにより同郷の青年に途を拓いていた（稲川明雄『龍の如く―出版王大橋佐平の生涯―』博文館新社　平成一七年　三一九頁）。

(35) 長岡市役所編『長岡市史』長岡市役所　昭和六年　六〇一頁。
(36) 文部省編『学制百年史』資料編より　文部省　昭和四七年。
(37)『龍の如く』七五頁。
(38) 浅岡邦雄「長岡における大橋佐平・新太郎父子の出版活動」『日本出版史料』第八号　平成一五年。
(39) 小玉敏子「アンナ・H・キダーと駿台英和女学校」『英学史研究』第三三号　平成一二年。
(40)「紫式部の伝」『婦女子』第一号　明治二三年一二月一一日・「見花」『婦女雑誌』第一巻第五号　明治二四年四月一〇日・和歌『女学世界』第一巻第五号　明治三四年三月五日。
(41)『日本之女学』の編集は、宮川鉄次郎（第一三～一八号　明治二一年九月二〇日～二二年二月二六日　六号分）・須永金三郎（第一九～二一号　明治二二年三月二六日～五月二〇日　三号分）・松井従郎（第二二～二八号　明治二二年六月二〇日～一二月二〇日　七号分）が担当した。
(42)「日本之女学発兌の趣旨」『日本之女学』第一号　明治二〇年九月二五日。
(43)『大漢和辞典』より。
(44) 瓜生寅「家政学」『日本之女学』第一号　明治二〇年八月二三日。
(45)『大漢和辞典』より。
(46) 瓜生寅「生気即ち酸素瓦斯の事」『日本之女学』第四号　明治二〇年一二月二三日。
(47) 瓜生寅「人体の成立及び食物の作用」『日本之女学』第六号　明治二一年二月二〇日。
(48)『通信教授女子家政学』では『日本之女学』で連載した内容に育児や家族に関する内容・礼儀作法などが加えられている。
(49) 須田要『新編小学教授法』育英社　明治一五年　五六頁。
(50) 飯島半十郎「経済の大旨」『日本之女学』第二八号　明治二二年一二月二〇日。
(51) 本好留子「読日本之女学有感」『日本之女学』第六号　明治二一年二月二〇日。
(52)「日本之文華の首に」『日本之文華』第一号　明治二三年三月二三日。
(53)「婦女子発刊の趣旨」『婦女子』第一号　明治二三年一二月一一日。
(54) 岸上操「婦女雑誌の首に」『婦女雑誌』第一巻第一号　明治二四年一月一〇日。
(55)「稟告」より『婦女雑誌』第一巻第三号　明治二四年三月一〇日。

(56)『学制百年史』資料編より。

(57)『東京朝日新聞』明治三三年一二月二九日。

(58) 石川松太郎編『女大学集』平凡社　昭和五二年　二〇三頁。

(59) 飛鋪秀一編『愛国婦人会四十年史』愛国婦人会　昭和一六年　二一頁。

(60) 小川菊松『日本出版界のあゆみ』誠文堂新光社　昭和三七年　六九頁。なお雑誌は友人・家族・親戚などで貸借し合って読むことが多いため、実際の読者はそれ以上いたと考えられる。

(61)「発刊の辞」『女学世界』第一巻第一号　明治三四年一月五日。

(62)『女学世界』の投稿作品をとりあげた論考として、金井景子「自画像のレッスン―『女学世界』の投稿記事を中心に」（小森陽一ほか編『メディア・表象・イデオロギー―明治三十年代の文化研究』小沢書店　平成九年）・池内輝雄「日露戦争と女性雑誌―『女学世界』にみる〈文芸〉」（筑波大学近代文学研究会編『明治から大正へ―メディアと文学』筑波大学　平成一三年）などがある。

(63) かつて女学雑誌社は、文学の隆盛を図ることを目的に桜井女学校・明治女学校・東洋英和女学校など一五校による「女学校同盟」を結成し、所属女学校の生徒の作品を掲載する『女学生』を創刊していた（明治二三年五月二〇日）。巌本が『女学生』の創刊号で「文学会は人の独立心を養ひ創造力を伸し楽しみて事に当るの気象を発達するもの也。教場に於ては教師より教を受く、文学会に於ては其得たる所を発表す」と述べたように（「社説」より）、「文学」の筆を執ることは学んだことを生かすものとして位置づけられていたのである。巌本が『女学生』を発刊した理由について野辺地清江は、「現在の日本において女権の伸張を論ずる者の多くは男性で、その意見も結局は化粧をほどこした男尊女卑論にすぎない。したがって、真の女権伸張を望むならば、女性自身、自ら文筆家となってその任に当たることが必要である。真に女性の心中に鬱屈する思いをのべうるものは女性以外にはない」と述べ（七一頁）、巌本が雑誌『女学生』に、「女学生の手による、女学生の自覚の上に立った『女学』の運動が、同誌の活動を通して起こってくる」契機となることを望んでいたと指摘している（八一頁）。『女学生』の創刊は、男によって論じられる「女学」から、女による「女学」誕生への端緒となるべきものであった。しかし「女学校同盟」からの寄稿は多くなく、『女学生』は創刊半年後の明治二三年一〇月より島崎藤村・北村透谷ら明治女学校の教員を中心とする文芸誌へと転換し、明治二六年一月三一日に創刊した『文学界』に吸収されて廃刊となったのである。

『女学生』の低迷・廃刊は、自ら筆を執り思いを綴るという行為が女にとって魅力あるものではなかったことを物語っている。

その一因は、「文学的質において世間の話題となる作品が乏しいこともあり、『女学雑誌』の平易なるものとみなされざるを得なかった」ことにあった（大濱徹也『女子学院の歴史』女子学院　昭和六〇年　三〇九頁）。しかし明治二〇年代後半に樋口一葉・田沢稲舟・大塚楠緒子らが活躍して閨秀作家とよばれるようになり、『文芸倶楽部』が「閨秀文学号」（明治二八年一二月）・「第二閨秀文学号」（明治三〇年一月）を以て小説を書く女の存在を世に知らしめたことが、女に筆を以て自らの思いを綴るよう促したのである。そして明治三〇年代以降になると雑誌への投稿が盛んになり、雑誌への投稿においては学校で学んだ者もそうでない者も等しく自己主張できることが魅力となったのであった。

(64)『女鑑』では第一八年第一号（明治四一年一月）より、『婦人世界』では第二巻第一号（明治四〇年一月）より各欄の区分がなくなっており、この時期の雑誌に共通の傾向とみることができる。理由は、女の生き方や役割が多様化したため「家庭」「社会」など女が生きる世界を明確に区分することが難しくなったことが考えられる。

(65) いさを「女学世界の発刊を喜びて」『女学世界』第一巻第三号　明治三四年三月五日。

(66)「誌面改良」『女学世界』第一巻第七号　明治三四年六月五日。

(67) 桐陰女史「女学生の経済」『女学世界』第一巻第七・九号　明治三四年六月五日・七月五日。

(68) 渋川柳太郎『東京名物』金尾文淵堂　明治四〇年　一七五頁。

(69) 佐藤恒久「素人看病法」『女学世界』第一巻第一三〜一五号　明治三四年一〇月五日・一一月五日・一二月五日、春江女史「夏時の看護法」『女学世界』第一巻第九号　明治三四年七月五日など。

(70)『女子之友』の定期増刊「第四才媛詞藻」（第九三号　明治三四年六月一八日）の広告を、第九二号（明治三四年六月三日）に掲載している。

(71)『女子文壇』も第三巻第三号（明治四〇年二月一五日）に「つぼすみれ」と称した定期増刊号を刊行した。

(72)「懸賞文募集」『女学世界』第一巻第二号　明治三四年二月五日。

(73) 二十三階堂「懸賞小説披露に就て」『女学世界』第一巻第四号　明治三四年三月一五日。

(74) 女が書く文章については、『婦女雑誌』で「耳遠き古言を用ゐ或ハ漫りに漢語を駢列する等要するに其学ぶ所に僻するの誚ハ免がれ玉ハじ（中略）日用に必要なく女子に適当ならざる漢語を漫に駢列して徒らに文盲者を驚かす」と述べられたように（「女子の文章」『婦女雑誌』第一巻第三号　明治二四年三月一〇日）、実用的でなく、また己の知識を顕示するために筆を執っていると批判されていた。

(75)「懸賞文募集『はつもみぢ』」『女学世界』第二巻第九号　明治三五年七月五日。

(76) 松原岫雲「磯千鳥氏の事ども」『女学世界』第一九巻第三号　大正八年三月一日。

(77)「懸賞新案こゝろの日記　趣味ある日記文の懸賞募集」『女学世界』第八巻第一二号　明治四一年九月一五日。

(78)「女学世界定期増刊こゝろの日記―現代の思想と生活を有の儘に描きたる女の日記」『女学世界』第八巻第一四号　明治四一年一一月一日。

(79)「夏季小品臨時募集」より『中学世界』第一二巻第六号　明治四二年五月一〇日。

(80) 定期増刊号への応募作品は、一〇行二〇字詰め原稿用紙二〇枚以内（四〇〇〇字以内）とされていた（『女学世界』第八巻第一二号　明治四一年九月一五日）。

(81)「懸賞募集嫁に行く人」『女学世界』第九巻第一二号　明治四二年九月一五日。

(82)「懸賞募集マダム振り」『女学世界』第九巻第一五号　明治四二年一一月一五日。

(83)「懸賞募集」より『女学世界』第九巻第一五号　明治四二年一一月一五日。

(84)「編輯後に」より『女学世界』第一八巻第四号　大正七年四月一日。

(85) 記者「編輯室から」より『女学世界』第二五巻第六号　大正一四年六月一日。

(86)『女学世界』は、愛読者大会（大正一一年五月二一日に小石川植物園で開催、第二二巻第七号　七月一日に報告記事を掲載）・誌上愛読者大会（第二三巻第七号　大正一二年七月一日に掲載）や懸賞問題の正解者に「女学手帳」をプレゼントするなど（第二四巻第七号　大正一三年七月一日）、読者の興味を喚起するための工夫を行った。

(87) 大正四年六月創刊。本文二八五ページで定価一〇銭、月刊（『博文館五十年史』二四七頁）。

(88)「何故此雑誌を発行しますか」『家庭雑誌』第一巻第一号　大正四年六月一日。

第二章　女子教育における試み

第一節　女学校の寄宿舎

女学生の登場

『女学世界』は、明治期の女学生について次のように述べている。

　今でこそ山奥でも女学生といふ詞が用ゐられて居ますが、十五年も前は此んな詞はありませんでした。其の代り年頃を過ぎてなほ学校にある者を女書生と申してゐました。

（中略）

　丁度三十年頃、やうやく女学熱が勃興して来て女学生なる語が新聞紙にも見え出す様になりました

（中略）

三十四年の春からは立つは〳〵雨後の筍の如く私立女学校は立ちました。従て地方の女学生が数知れず都に入り込むで茲に女学生といふ一種軽蔑の意味を含んだ詞が生れて来ました。[1]

明治前期には「年頃を過ぎてなほ学校にある」女は「女書生」とよばれており、「女学生」という呼称は明治三〇年頃から用いられるようになったのである。表4で示したように、高等女学校・実業学校・各種学校・師範学校など

表４　「女学生」数

	小学校の学齢女児数	女子の就学児童数	就学率(%)	高等女学校	実科高等女学校	実業学校	実業補習学校	各種学校	師範学校	高等師範学校	女学生数計
明治15年	2,756,202	853,757	31.0	286				10,430	616		11,332
20年	3,221,157	910,259	28.3	2,363				14,321	597	60	17,341
25年	3,453,065	1,259,006	36.5	2,803				15,520	889	84	19,296
30年	3,374,827	1,716,493	50.9	6,799		1,401	1,243	19,427	810	171	29,851
35年	3,119,250	2,713,833	87.0	21,523		1,000	7,116	7,414	3,481	367	40,901
39年*	3,284,948	3,115,281	94.8	35,876		3,273	35,803	13,108	4,824	357	93,241
45年	3,522,258	3,438,374	97.6	64,871	10,257	9,682	57,856	8,299	7,537	659	159,091

＊明治40年の実業学校・実業補習学校の生徒数が不明であるため、39年の統計を使用。

（『学制百年史』『文部省年報』より作成）

図１　「女学生」のイメージ

小説の予告で「主人公ハ誰ぞ。曰く女学生」と謳ったように、『読売新聞』に連載された小杉天外「魔風恋風」は女学生を主人公にすることで話題をよんだ。

１は連載初回（明治36年２月25日）に掲載されたカットで、「デートン色の自転車に蝦茶の袴、髪ハ結流しにして白リボン清く、着物ハ矢絣の風通、袖長」という描写が女学生のイメージを作り出したのである。しかしここで描かれた主人公の萩原初野は在籍する帝国女子学院の創立10年の祝賀会に出席するためにこのような装いであったにすぎず、２のような束髪が女学生の一般的な姿であった（明治36年５月17日）。なお束髪もサザエ・牛糞などに例えられて揶揄されたり、庇の大きさが女学生のプライドの象徴とされて批判されたりした。

に在籍する生徒の数は明治三九年には九万人あまりとなっており、総じて「女学生」とよばれる存在であった。なお下田歌子が考案した袴を着用する者が多かったことから、「海老（蝦）茶式部」ともよばれた。

女子教育機関の多くは都市に設けられていたため、女学生は遊学にあたり下宿や寄宿舎などを生活の場とした。松原岩五郎『女学生の栞』（博文館　明治三六年）・中村千代松『女子遊学便覧』（女子文壇社　明治三九年）などの遊学案内には、「募集と選抜」「風儀と種類」「自習時間標準」などと並んで寄宿舎の有無やその費用・「生徒の監督法」などが記されており、女学生やその親が学校を選択する際の要点の一つであったと思われる。『女学生の栞』によると、一カ月の寄宿料は日本女子大学校では月七円（寮費一円、食料金六円）[2]、跡見女学校では七円五〇銭（舎費一円、食費六円五〇銭）であった[3]。下宿はそれよりは安上がりであるが、塚本ハマが「責任を持つて監督する人のない家に居る女学生の処へは、よからぬ男子の学生や好ましからぬ女の朋友がより集まるもので、遂には地方から出た質朴な女学生が知らず識らずの間に、浮華極まる悪風に化されてしまう（中略）地方のお方などでも東京の下宿屋のよくない事だけは大概お分りになつて居ますが、素人下宿といふものが、それにも増して一段ひどいものだ」と述べたように[4]、下宿には女学生の生活の場として適切でないものが多いのが現実であった。『女学世界』で「女学生といふ一種軽蔑の意味を含んだ詞が生れて来ました」と述べられているのは、地方出身であるということに対する軽侮だけでなく、「浮華極まる悪風に化されて」いるというイメージを以てみられていたからである。

下宿がこのような状況にある中で、女子教育機関の寄宿舎は厳しい規則を以て知られることとなった。女子高等師範学校（後の東京女子高等師範学校）の舎則を次にあげる。

第四条　毎室一人ヅヽ交番シ其室内ヲ洒掃スベシ若シ不潔ニシテ書籍等錯乱スル時ハ当直ノモノ其責ニ任スベシ

第六条　五月一日ヨリ九月十五日マデ午前第五時午後第九時九月十六日ヨリ四月三十日マデ午前第六時午後第

十時ヲ以テ起臥ノ時限トス
第七條　夜中音読ヲ禁ズ
第十三條　休日ハ午前八時ヨリ午後六時マデ門外ニ出ヅルヲ許ス
第十四條　出入ニハ必ズ門札ヲ所持スベシ
第廿一條　食卓ニ就クトキハ順序ヲ乱スベカラズ
第廿二條　定時ニ後レ喫飯スルヲ禁ズ[5]

内容はいずれの女子教育機関においても大差はない。寄宿舎では生活時間を守らねばならず、就寝時刻になると「十時の号鈴を鳴せば悉く瓦欺《ママ》を消して全く寝に就くのです（中略）寮監は全寮暗となるのを待て此雪洞を携へ一室毎を見巡り火の元から戸締りを篤と見届けて後床に入る」という見廻りが行われた[6]。また外出した際には、訪問先にて「門札」（手帳）に滞在した時間を記入してもらい捺印を受けなければならなかった。

寄宿舎がこのような厳しい規則を設けていることに対し、正岡芸陽は『理想之女学生』（岡島書店　明治三六年）で「女学生の堕落を防ぐ方法は、此のやうに監禁同様にするより他に方法はないものであう《ママ》か此のやうな形式によつて、能く堕落を防ぐことができるであらうか」と述べている[7]。「堕落」という眼でみられることを回避することが女学生にとって不可避の課題である中で、寄宿舎は生徒の日常生活を厳しく管理することに終始しがちであったが、その効果は疑問視されるのみならず弊害も危惧されていたのであった。

しかし寄宿舎の生活習慣には学校の創設者や舎監の女子教育に対する思いが込められており、寄宿舎は単なる起居の場ではなくその学校の個性に満ちた教育の場であったのである[8]。そのため、青年が読む雑誌にしばしば掲載された学校の訪問記において[9]、寄宿舎に関する記述が大きな位置を占めたのであった。

明治三四年四月二〇日に成瀬仁蔵が開校した日本女子大学校は、創立時に既に八つの寮を備えており、それぞれに芙蓉寮（富士山を「芙蓉」とよぶことから命名）・「敷島寮」（和歌「敷島の大和心を人問はゞ朝日ににほふ山桜花」より命名）などの名称が付されていた[10]。理想の寄宿舎像を、成瀬は次のように述べている。

> 寄宿舎なるものは教育ある人々がその理想に従て一定の規則を設け、なるべく善良なる人を撰て舎監となし、以て之れが監督の任に当らしめ、出来得る丈有益の感化を生徒に与へんことを勤むる場所なれば、教育なき父母の膝下若くは不規律、不整頓なる家族の中に生活せんよりも寄宿舎に在て成長する方、却て有益なるは論を俟たざる也。
>
> （中略）
>
> 吾人の理想とする所の寄宿舎は、監獄的若くは兵営的の寄宿舎にあらずして、家族的寄宿舎なりとす（中略）家族的寄宿舎とは何ぞや。
>
> 小形なる平屋作の家屋を幾棟も建築するか、若くは二三棟の長屋を建築して、之を数軒に分割し、台所、風呂場、客室、等より装飾器具に至る迄、悉く家庭同様に之を具へ、各戸に生徒凡十名許宛を住ましめ、可成智識あり、徳望あり、兼ねて家族生活に経験ある女子を聘して、舎監となし、慈母の代理として全生徒の管理を負担せしめ、各戸の生徒は年齢に従て姉妹の関係を有ち、喜憂を共にし、強弱相扶け、慢らず、嫉まず各々相当の役目を分担し、会計又は料理の如きも皆生徒自ら之に従事し、殊に順序を守り規律に遵ふべし[11]。

成瀬は、「教育ある人々がその理想」に基づき、「不規律、不整頓なる」生家よりも「有益の感化」を生徒に与えることを寄宿舎の使命と考えていたのである。特に「慈母の代理」である舎監が営む理想的な家庭を体験することは、将来の家庭の担い手を育てるうえで意義があった。

ここでは、女子教育機関の寄宿舎においてどのような教育が行われ、いかなる女を育成しようとしていたのかを明らかにしていく。

寄宿舎の「主婦」

『女学世界』は、日本女子大学校の寄宿舎を次のように紹介している。

一人の寮監が三十人の生徒を受持ち、師となり母となつて大体の取締を司どつて居ります、寮監は大抵此校諸学課専門の教師で、是迄他の塾舎で永らく取締を勤めた年長者を選定したのです。別に生徒中より主婦二人を立て細事の始末を任せます

（中略）

寮舎は総て自炊制度で賄ひ方と云ふ者はありません、寮生の食料は一人に付き六円、寮費一円の定めで寮監は毎月之を纏めて一旦事務所に渡し、事務所より諸商人へ支払ひ剰余は主婦が預つて細かい買物に払ふのです。

（中略）

其他野菜、魚類等の購求は寮生達が時々水道町辺の商店へ出掛けて、出入商人との相場を比べ油断なく掛引するとの事。(6)

師・母たる役割を兼ね備えた「寮監」は、家事の手腕の秀逸さと学科の専門の知識を備えている点において、生徒にとっては母親以上の存在であった。このような「母」と日常生活を共にする中で、女学生は家庭の担い手のみならず一人の女としての生き方を学ぶのである。また明治三二年に実践女学校を開校した下田歌子は、舎監が「母」たる役割を担うことの意義を次のように述べている。

己れの最も悲しむ所は、此の無智無識なりと人も言ひ、自づからも信ずる所の母親達、己れが子女の学校に登りて、僅かに、普通教育の片端をも、学び得たるものを目して、すでに、我れよりも賢明、我れよりも博識なりと思ふが故に、彼等年少子女が云ふ所は、其理と不理とを撰ぶに遑あらずして、大抵は、其云ふがまゝに、任かす

るの傾きあり。(12)

明治三〇年代の女学生の母親は明治維新より前に生まれた者が多かったと推測できるが、学校教育制度が未だ確立していないため「普通教育」を受けた経験のない者が多く、そのことに対する母親の劣等感が家庭教育を等閑視する結果を招いていることを下田は指摘した。女子教育機関の寄宿舎が「母」の役割を担うことは、女子教育がさかんになる中で看過されがちになっていた家庭の躾の回復を図ることでもあったのである。

また寮生が交代で「主婦」となり生活に必要な物をご用聞きから購入するだけでなく、時には商店へ出向き「掛引」して購入するという新しい家事を実践する背景には、次のような家事の現状があった。

東京其他の都会に於て普通に行はれて居る処の掛買ひの事を廃めることが肝心であります。と言ふのは掛売する方では月末まで代金を取らぬので、其金利を品物に掛けたり、或は統計上不払の額を算入して割り付けることなどが御座いまして非常な高価を貪る計りでなく、其一手販売をなす傾向がある処から、往々物品の新鮮良好を欠くことが御座います。乃で日用の物品は可成主婦が女中を伴つてそれ〳〵の店に就いて親しく其品物の良否を調べた上で、現金を以つて買ひ入れたならば、

図2　日本女子大学校の寄宿舎の台所　当番の寮生が手分けして食事の準備をする（『女学世界』第4巻第4号　明治37年3月15日　国立国会図書館所蔵）

> 右の弊を免る、ことが出来やうかと存じます。然るに我国では身分ある人の夫人令嬢などは、呉服屋なぞへは行かれますが、青物市場などへは誰も行くことを愧ぢるやうな風が御座います。是れは余り感服すべき気風ではないと存じます。(13)

「掛買ひ」をやめて現金で買い物をし、ご用聞きを利用するのではなく「それ〴〵の店に就いて親しく其品物の良否を調べ」ることは節約に欠かせない。また「新鮮良好」な品を手に入れるうえでも有効な方法である。しかし店に直接出向くという買い物のやり方は、多くの女にとってなじみがないうえに羞恥心を伴うものであった。そこで寄宿舎で実践する中でこのような考え方を改めさせ、店頭に足を運び現金で買い物をすることに慣れさせることが、家事のやり方を改めるうえで大きな役割を担うのである。『女学雑誌』に掲載された「各府県師範学校高等女学校寄宿舎取締法類別表」は寄宿舎における服装や結髪法、自炊の有無・金銭の管理・新聞や雑誌の制限などの実態について調査したもので、全二九校のうち一三校が「一般に交番自炊せしむ」と回答しているほか、「計算をして且金銭支払をも為さしむるもの」が六校、「計算のみを為さしむるもの」が八校となっており、(14)寄宿舎ではやりくりを含めた自炊が行われていたのであった。

生徒がこのような経験を積む成果について、『女学世界』は次のように述べている。

> 冬分は燃料が夏分に比べると倍も掛るので竈の火気も無益に使はれぬ、成る可く無駄な費を省いて食料には滋養に適当な物を用ひ度いと云ふ考は、寮生達の頭脳から須叟も離れぬのであります。此実験法は経済学研究の妙薬で、又各生感情疎通の機関ともなるのです。尚感ずべきは単に消極的の節約に傾かず、経費に剰余ある月は必要の勝手道具、室内装飾品類を買ひ、又は数月貯蓄して自転車一輪《いちりやう》を求め互に乗り習つて快活な娯楽を試むるのであります。(6)

『女学世界』は、女学生がやりくりを経験することを「経済学研究の妙薬」とよんでいる。「無駄な費を省」き剰余金を以て必要な品々を整えるのみならず、自転車を購入して「快活な娯楽」を寮生にもたらすという経験は、女学生が卒業後に家庭で一家団欒を生み出すやりくりに資するのである。

なお当時の家事科の教科書には「家事経済」「家計簿記」などの項目は設けられているが、予算を立てることの重要性やその方法、家計簿のつけ方などに関する内容が中心で、買い物については「成るべく現金にて買ふべし」[15]「物品を購ふには即金にするを至当とす」[16]と述べて掛け買いを戒めてはいるが店頭に出向くことにまでは言及していない。女学生は、寄宿舎での自炊を通して割烹のみならず家計のやりくりや娯楽など広く家庭の経営について学び、教科書の内容よりも実用的な家事を実践していたのであった。

また寄宿舎では園芸を実施し収穫物を食卓に上げていた。下伊那高等女学校（長野県）は、勤労の習慣を養うために寄宿舎において養鶏と蔬菜栽培を行うことを「入学志願者心得」に明記している[17]。明石女子師範学校（兵庫県）では寄宿舎に菜園を設置しさつまいも・いちご・大根などを栽培して寮生の食糧に充てており[18]、松本高等女学校（長野県）は明治四二年六月より寄宿舎において養鶏を行い養鶏誌を残した[19]。

寄宿舎ではその他に、養蚕も行われた。埼玉県女子師範学校では寄宿舎の一室を利用して二年生を中心に養蚕を行い、その収益金は園芸場の造成費用に充てられた[20]。柏崎高等女学校では明治四一年から養蚕を開始し、四三年七月には一斗八升の収穫をあげた。また『婦女新聞』は、松江高等女学校（島根県）・佐野高等女学校（栃木県）などの養蚕の様子を伝えている[21]。

家庭の体験

寄宿舎で開催される親睦会は、一家団欒を習練する場であった。『女学世界』は、日本女子大学校の寄宿舎の親睦会の様子を次のように描いている。

天長節又は年末には全寮生の大親睦会があつて、互に精神の修養或は卒業後の目的を語り合ひて後、余興としてピアノ、弾琴、活人画、表情体操などを催しますが、活人画の装置も有合せの物品を巧みに変化させて工夫するのだ相《さう》です。(6)

『女学世界』が「加納子爵（筆者注：旧上総一宮藩主加納久誼）の家庭」で、「オルガンを購めまして、家内が之を弾くことに致しました、其柄《それから》は音楽の調子に合せて運動しますから大層面白味を感じたと見えて、毎日食後の遊戯を楽にする様になりました」という「音楽会」や、「毎土曜日の晩には必ず子供演説会を開いて、話術の実習を致させます」という「子供演説会」を紹介したように、(22)「音楽会」「子供演説会」などは実現は容易ではないが文明の家庭の団欒の具体例とされており、女学校の寄宿舎はそれを体験する場であった。女学生は、寄宿舎において「有合せの物品を巧みに変化」させて「余興」を生み出し「親睦会」を営んだという経験を以て、卒業後にそれぞれの家庭で一家団欒を形成することが期待されていたのである。

明治三三年九月一四日に津田梅子（元治元年一二月三日〜昭和四年八月一六日）が開校した女子英学塾は、学則第一条で「本塾は婦人の英学を専修せんとする者並に英語教員を志望する者に対し必要の学科を教授するを目的とす」と述べ、第二条で「本塾の組織は主として家庭の薫陶を旨とし塾長及び教師は生徒と同住して日夕の温育感化に力め又広く内外の事情に通じ品性高尚に体質健全なる婦人を養成せん」と謳ったように、塾における英学の教授と寄宿舎における「家庭の薫陶」を教育の軸としていた。学則第一一条には「塾舎には家政に達したる舎監に監理を托し定員を少数にし衛生及び監督に遺憾なからしむ」と述べられ、寄宿舎において「家庭の薫陶」を行うための具体策が示されている。(23)津田は女子英学塾の開学にあたり、「英語を専門に研究して、英語の専門家にならうと骨折るにつけても、完き婦人となるに必要な他の事柄を忽にしてはなりません。完き婦人即ち allround women となるやうに心掛けねばなりません。（中略）婦人らしい婦人であつて十分知識も得られませうし、男子の学び得る程度の実力を養ふことも出来ませう。そこまで皆様を御導きしたいといふのが、私共の心からの願ひであります」と述べており[24]、寄宿舎は津田のこの思いを実現するうえで欠くべからざるものであった。

女子英学塾の寄宿舎の様子を、『女学世界』は次のように描いている。

毎土曜日の晩食に料理の実習あり、四五人の生徒組合ひて、原品の見積りより分量、煮焚まで悉く担任して練習するなり。洗濯も此日の午後に為さしめ、又生徒の中裁縫に未熟の者あれば此日の午前半日間舎監に教を受く[25]。

料理や裁縫は、従来は家庭で母親が娘へ教えてきたことであるが、女子英学塾は親元を離れている生徒のために寄宿舎においてその役割を担わんとしたのである。女子英学塾では裁縫や割烹の授業が設けられていないため、寄宿舎における「料理の実習」や舎監による裁縫の指導は生徒を「完き婦人」たらしめるうえで不可欠であった。

また明治一四年七月一五日より桜井ちかに代わり桜井女学校（明治二三年に女子学院と改称）の校主となった矢島楫子（天保四年四月二四日〜大正一四年六月一四日）は、寄宿生に対する心遣いを次のように語っている。

金曜の御昼には鮓、お萩団子、赤の御飯等生徒の喜ぶ物を拵へます。又休日にも此様な物を生徒自身にも拵へさせて製法を習練させせます、永い間学校に居る事ゆゑ成るべく家庭的の食物を与へ趣味を養つて呉れろと、会計係へ私（筆者注・矢島）が懇々頼んで置くのです。

（中略）

火曜の三時頃にお八つが出るのを号外が出る〳〵と言つて生徒が喜びます此お八つは秋は柿、冬は蜜柑、三月は豆煎り、五月は槲餅と云ふ風に其時時の物を食べさせるので一つには生徒の希望を充たし一つには世俗を離れさせぬためと思ひまして夫れから正月残つて居る生徒は雑煮やら重詰やら一家の通りに拵へさせせます[26]。

矢島は「お萩団子」「槲餅」など「家庭的の食物」や「其時時の物を食べさせる」目的について、寄宿生に「家庭的」の「趣味を養」わせるとともに「世俗を離れさせぬため」であると述べている。季節を彩る料理の「製法を習練」することは母から娘へと受け継がれる家庭の伝統とよぶべきものであるが、矢島は親元を離れている生徒に対し、母に替わってそれを伝授しようとしたのである。英学を教授する女子学院において日本の「世俗」の習慣を大切にすることは、日本の家庭を担う女を育成するうえで大きな役割を担った。

では、「家庭」と位置づけられ監督者の個性に満ちた寄宿舎での生活は、女学生にとってどのようなものであったのだろうか。三輪田高等女学校の生徒は、『女学世界』で次のように述べている。

我が三輪田高等女学校は明治三十五年四月に三輪田真佐子刀自が在来の家塾を改めて学校組織になされたのでありますから、其の寮舎の如きも家塾的即ち家庭的に発達して来たもので、お邸内に在る四棟の平屋建が即ち其なので御在ます。

（中略）

寮は取も直さず一家の体裁をなし、従つて家具万端も家庭的に整てをりますから、此処に起臥する私達は我家に居ると同じ様な心持で勉強することが能るので御在ます。

校長の三輪田先生は寮の舎監であると同時に母の位置に居り、而して寮中の年長者が姉の位置に座り年少者が妹の位置に座つて居りますから、同時に監督し又監督されて、互に世話を焼き合ふといふ便宜が御在ます。

尤も寮には田村と仰言る女の先生が一人、私達と同居して被為入います、此の方は全体の長姉ですから、時に老先生の代理とも成り、副官とも成て舎内一切の事を管理して被為居ます。裁縫と家政がお担任で御在ますから、寮に在ても縫張洗濯等の事に実地の練習をして下さるので私達には何程為になるか知れません。(27)

三輪田高等女学校で学ぶこの生徒にとっては、「我家に居ると同じ様な心持で勉強することが能る」うえに、「寮に在ても縫張洗濯等の事に実地の練習をして下さる」ため裁縫など家事の技術を身につけることができる点が寄宿舎の魅力であった。また生徒が「同時に監督し又監督されて、互に世話を焼き合ふ」ことは、家族への接し方や家庭の運営について具体的に学ぶ好機でもある。

女子教育機関の寄宿舎は勉強と家事の双方を学び習練する場であり、女学生が家庭の担い手としての資質を培ううえで大きな役割を担った。そして女学生は、学校で知識や技術を学ぶ一方で寄宿舎において交替で自炊を行い自ら裁縫や洗濯をなすことを通し、女子教育の目的が家事能力の習得に終始するものではないことを知り、家事以外の世界を持つということを学んだのである。

第二節　裁縫を学ぶということ

女の学びや

北海道の開拓が進められる中で明治一一年一月一五日に開校した官立琴似学校（学校名が決定したのは三月一七日、明治二八年四月一日に琴似尋常小学校、同年七月三〇日に琴似尋常高等小学校へ改組）の裁縫科は、「琴似の女学校」とよばれていた。同校に裁縫科が設置されたのは明治一四年七月で、専任教師を任命して児童だけでなく一般の子女にも裁縫を教授した。同校にはミシンがあり、[28]近所に住む少女は「女学校」の授業で作製したミシン縫いの雛形をもらうことをとても楽しみにしていた。雛形は着せ替え人形に用いるのであるが、ミシンで縫った雛形は手縫いや紙製のものより格段に出来がよかったため、近所の少女は「女学校」に通う者に憧憬のまなざしを送り雛形をもらう順番待ちをしていたほどであったという。裁縫を学ぶことができる学校が女学校とよばれていたことから、裁縫は女の学びを代表するものと考えられていたと言える。また明治・大正期の女学生の修学日記や学級日誌などにも裁縫に関する記述は多くみられ、裁縫の授業は生徒の意識の中で大きな位置を占めていたのであった。

明治三二年に高等女学校令が制定されて女子の中等教育機関である高等女学校が設けられたが実際に進学する者はごく僅かで、(29) 初等教育の後に多くの女が通ったのは裁縫女学校や裁縫塾などであった。裁縫女学校には裁縫だけでなく家事経済や修身・国語や英語などを設けていたところが多く、(30) また娘宿のような役割を担っていたところもあるなど、(31) 女は裁縫を通してさまざまなことを学んでいたのである。なお裁縫の教授において、伝統的な方法で行うか雛形を用いた新しい方法を用いるかは学校によって異なっていたようである。また仕事着ではない着物の縫製が教授され仕立屋としての機能も備えていたところがあるなど、(32) 裁縫女学校や裁縫塾などで学ぶ裁縫の内容は必ずしも日常生活に密着したものではない点もあったが、母から教わることができないからこそ通ったのであり、女は裁縫だけでなくさまざまなことを学び、そこで身につけたことを生活に生かすことが期待されていたのであった。なお裁縫女学校や裁縫塾には各種学校に認可されていたものもあるが、そうでないものも多い。

ここでは、女は裁縫を学ぶことを通して何を身につけることが期待されていたのかを明らかにしていく。

裁縫女学校の目的

戸板裁縫女学校校長である戸板せき子は、裁縫を学ぶ必要性について次のように述べている。

鎖国時代の日本婦人は裁縫を畢生の専門事業にして居ても済んだのでせうが、二十世紀の婦人は活動の版図が拡まり、責任が殖てまゐつたのですから、唯裁縫にばかり従事して居ましては、婦人の本分を尽すことが出来なくなりました。併し用務が殖たからと申して家族の衣類を一々人手に頼むやうでは目立たぬところに大きな欠陥を生じます。一枚の仕立賃は僅かなやうでも二枚三枚とつもれば直に裏地の一反位求め得る金高となります。又これを節倹するために洗張仕立直しを見合せますと品質はいたみ垢は溜つて参りますからどうしても自身で手早くいたすことが必要になるのでございます。従つて裁縫の学び方も迅速で多種類を習得することが時代の要求と

なつたのでございます。(33)

裁縫の技術は、仕立賃を節約することにより生活にゆとりをもたらすのみならず、頻繁な洗濯を可能にし清潔な暮らしを実現する。清潔さは「衛生」の語で表現され、文明化の証の一つとされていた。「二十世紀の婦人は活動の版図が拡まり、責任が殖てまゐつた」ため、効率よく裁縫をこなし「婦人の本分」を全うすることが必要であると戸板が述べたように、秀逸な裁縫の手腕は家事の能率化において欠かせないため、裁縫教育が重視されたのである。「迅速で多種類を習得する」裁縫教育の方法として、東京裁縫女学校（現東京家政大学）を開校した渡辺辰五郎が雛形を用いた裁縫教育を既に明治一〇年代より提唱していたが、このような新しい裁縫の技術は母から娘へと伝えられるものではないため、学校などで学ぶ必要が生じていたのであった。

『女学世界』は「最新東京女学校一覧」と題して府下の各学校の所在地や校長名・目的・学科・修業年限・入学資格などを紹介しており、この中から裁縫女学校の目的をあげてみると次のようである。

東京裁縫女学校

和洋裁縫其他女子に必須なる技芸学術を教授し、以て優良なる婦女子を養成するにあり

和洋裁縫女学校

女子の日常尤も須要なる和服の裁縫を主とし且つ家庭主義により生徒の品性を涵養し、温良貞淑着実勤倹、将来一家の良妻賢母となりて善良なる家庭を作ると共に社会的女性たらしめんとするに在り、尚ほ更に文部省及東京府の裁縫科教員検定試験を受けんとするものを養成す

鳥海裁縫女学校

本邦女子に必要なる和洋裁縫を教授し兼て社会的徳性を養成するに在り

戸板裁縫女学校

一般婦女子に裁縫術を教授し、並せて裁縫専科教員たらんと欲する者に教授法を知得せしむるに在り(34)

東京裁縫女学校は、明治二五年に従来の和洋裁縫・礼法・点茶・生花・造花・刺繍に修身・教育・家事・習字を加え、明治三二年にはさらに国語・算術・英語・編物を追加した(35)。これにより同校は、裁縫の技術を身につけながら高等女学校と同様の学科を学ぶことができる学校となったのである。女は裁縫女学校で多様な内容を学ぶ中で「社会的徳性」を培うことが期待されており、裁縫を学ぶことは決して女を家の中に閉じこめることではない。また裁縫女学校の中には文部省検定の受験資格を取得できるものもあり、教員になる途が拓かれていることは学校を選択する要件の一つになったと思われる。『女学世界』も同記事で、東京裁縫女学校の卒業生が教員として地方に赴任した場合、一五〜二二円の月給が得られることを記している。なお技芸学校においても、「女子に適当なる工芸を授け並せて修身斉家に必要なる実業を修めしめ能く自営の道を立つるに足るべき教育を施す」（女子工芸学校　下田歌子校長）・「女子をして日常必須の知識を得せしめ益々女徳を進めて良妻賢母の素養を作り邦国をして円満なる家庭を以て満たしめん」（下谷女子技芸学校　嘉悦孝子主幹）ことを謳い、裁縫女学校と同様の目的を持つものもみられた。

開拓地札幌の女子教育機関

裁縫の技術が生活の糧を得る手段となることは、裁縫の習得を促す要因である。表は、北海道札幌区における明治二四年（表5）と四二年（表6）の職種別就業者数を示したものである。明治二四年には和裁や洗濯（要裁縫の技術）に従事する女が多く、これらは女が生活の資を得る途であったことが分かる。特に寄留者の中に裁縫を生業とする者が多いことは、裁縫が生活の糧を比較的容易に得る方法であったことを示している。明治二二年の調査によると札幌区の人口は男九、〇五五人、女七、八二一人と女の方が少なく(36)、裁縫に長じている女は重宝されたと思われる。また明治四二年には「被服及身回り品製造」「衣類その他の裁縫」などに従事する者が多く存在していた。札幌区では明治三〇年代半ばより裁縫女学校や女子職業学校と称する学校が多くみられるようになっており、裁縫などの技術を備えた女が札幌のまちで求められていたことに応えるものであった。

明治三〇年代になると全国の女子の小学校への就学率が九割を超え、札幌支庁においても明治三〇年代後半より就学率が上昇してきた（表7）。特に「貧窮」を理由とする不就学者が減少したことは、学校へ通うということが定着してきたことを示している。このように初等教育の就学率の上昇により中等学校への進学が促される中で、裁縫などを教える学校は初等教育後の女の学びの場としての役割を担うようになったのであった。

明治三五年九月六日に落成式を挙行した札幌女子職業学校は[37]、普通科・高等科・専修科を設置していた。なお同校は女子職業学校と称し

表5　明治24年の職種別就業者数

職種	本籍		寄留	
	男	女	男	女
農作	30	6	39	4
農作日雇	119	6	128	15
和服裁縫師	5	20	11	29
洗濯	3	32	13	16
理髪	9	3	17	27
飲食店	27	8	35	27
古着屋	30	1	70	2
小間物行商	4	0	18	4
旅人宿	11	2	8	5
下宿屋	5	4	6	12
荒物商	76	2	54	1
料理屋	8	0	3	2
質屋	7	2	5	1
教員	7	1	19	4
鍼灸点	8	2	26	6
産婆	0	2	0	10
貸座敷	8	4	3	1
娼妓	0	8	0	129
日雇	52	13	179	19
総数	1389	142	2539	386

（『北海道毎日新聞』明治24年3月19日より作成）

表6　明治42年の職種別就業者数

職種	男		女	
	独立	労役	独立	労役
農業	445	122	33	169
衣類その他の裁縫	106	112	338	78
織物、編物類製造並染物業	39	84	10	183
洗濯	17	34	23	5
物品販売	1838	1288	238	216
料理店及その他の飲食店業	117	118	26	205
技芸及娯楽に関するもの	75	6	159	7
総　数	6873	9096	1739	2545

（『新札幌市史』第八巻Ⅰ統計編より作成）

＊表5・6中の職種は一部を抜粋したもの。「総数」は全ての職種に従事する人数の合計。

表7　札幌支庁の小学校就学率

	学齢期児童数		不就学者数		就学率（%）		不就学者のうち貧窮を理由とする者	
	男子	女子	男子	女子	男子	女子	男子	女子
明治35年	6087	4811	746	1568	87.7	67.4	725	1543
36年	6322	4931	399	899	93.7	81.8	346	842
37年	6979	5862	311	801	95.5	86.3	279	746
38年	6731	5439	307	631	95.4	88.4	190	492
39年	7097	5550	181	332	97.4	94.0	134	281
40年	7948	6151	151	260	98.1	95.8	90	185
41年	8351	6279	94	174	98.9	97.2	54	92
42年	10460	8268	90	183	99.1	97.8	44	87

（『北海道庁統計書』より作成）

ているが『北海道統計書』には記載されていないため、徒弟学校規程に基づく女子職業学校（第二章第三節）ではなく各種学校もしくは無認可の学校であったと思われる。同校は普通科（三年課程）に修身・裁縫・編物・刺繍、高等科に修身・裁縫・国語・算術・家事・理科・図画・裁縫学を設けた。普通科は各種の技術の教授を中心とし、高等科では技術の習得を支える学科と高等女学校と同様の学科に関する教育が行われたのである。そして専修科には、生活の糧を得る手段となる造花・押絵のほかに、日常生活に不可欠な割烹、伝統的に女の芸とされまたその師匠となることが生活の糧を得る途とされてきた茶の湯や活花が設けられた(38)。高等科・専修科と進むにつれて授業内容が多様化することは学校側の経営術でもあるが、多くのことを長期間にわたって学べることは生徒にとっても魅力であったと思われる。なお同校は、女子教育機関の多くが行っていた地久節の行事も実施していた(39)。

同校は、明治三八年には生徒以外からも希望者を集めて割烹の講習会（毎月第二土曜日に開催され期間三カ月）(40)や英語教授（一日二時間）を行い(41)、明治四一年五月一一日には「便宜科」を設置して裁縫教授を開始するなど札幌の女の学びの場としての役割を担った(42)。また生徒の作品の展覧会を毎年行い、その売り上げを明治三七年には日本赤十字社へ寄付し、翌三八（一九〇五）年には慰問袋として提供した(43)。このような営みは、同校が札幌のまちで女子教育機関としての地位を築くうえで大きな役割を果たしたのである。

また『北海タイムス』明治四一年九月二〇日号に掲載された「誰モ出来ル美麗ナル輸出品毎日無料教授ス熟練次第

月十円以上ノ収入ヲ得但十五歳以上、余暇アル婦人ハ至急申込アレ」という広告が示すように、札幌女子職業学校は内職の斡旋も行っていた。同校の卒業生はその対象となったと考えられる。「輸出品」の内容は、同校の学科目から刺繍や造花が推測される。ここで注目すべきは「熟練次第月十円以上ノ収入ヲ得」という表現で、「月十円以上」という金額は小学校教員の初任給とほぼ同等である。刺繍や造花などにより教員と同等の月収を得られることは大きな魅力であり、女に自らの技術に対する自信を持たせ生活の糧を得るという営みの担い手たらしめるに足るものであった。

『北海タイムス』が報じた各学校に関する記事の中には、「当区の私立職業学校にては新学期より東京府教育会出身の正教員平賀女史を招聘し裁縫家事科を教授し尚日曜日には綿細工も教授する」[44]「（和洋裁縫女学校）校主蛇口つね子氏は東京渡辺裁縫女学校の出身なり」[45]といったものがみられる。東京から来て教鞭を執る教師の存在は、学校のステイタスになったのであった。

明治三九年五月に開校した百々裁縫女学校（後に和洋裁縫女学校と改称）は、「和服裁縫及び女子斉家に必要なる学科及び教員受験者の為めに必要なる学科を教授」することを目的としていた[46]。同校で設置された学科目は不明であるが、『北海タイムス』は同校が明治四一年八月一六日から三〇日まで「夏期講習会を開き裁縫科正教員志願者の為めに適当の講習を為す」ことを報じており[47]、文部省検定を受験する生徒のために便宜を図り教員への途を拓いていたことが分かる。明治四一年六月に設立された成美女学館も設置申請書において「和洋裁縫技芸其他生徒の希望に依り学科教員たる技能を終《ママ》得せしむ」ことを謳っている[48]。なお成美女学館は、遠足など校外学習も実施していた[49]。裁縫を学び教員となることは、自らの生計を立てるのみならず、後進の女に学びの場を提供し続けることでもあったのである。

第三節　女子職業学校――「一芸の士」の育成

「婦功」への着目

ウイーン万国博覧会（明治六年）・パリ万国博覧会（明治一一年）などが開催される中で明治政府は殖産興業政策を進めており、特に明治一一年に開催した第一回内国勧業博覧会は産業化への関心を促す役割を果たした。このような中で実業教育の必要性が着目されて欧米諸国への視察が行われ、女の実業教育の場として女子職業学校が紹介されたのである。

明治一九年に刊行された文部省訳・発行『技芸教育調査委員第二報告書』は、ヨーロッパ諸国の「職工ノ技芸上及ビ其教育」を調査し報告したものである。同書はヨーロッパ諸国の女子職業学校の設立目的を、「小学卒業ノ少女子ヲシテ有用ナル職業ヲ学バシメ併セテ家計家務ヲ教ヘ以テ一家ノ営生ヲ準備セシムル」（巴里町立家務学校）・「他日職工社会ノ良婦タラシムル」（ルアンノ女子専門学校）・「商家ノ女子及ビ中等府民ノ家母タルモノヲ教育スル」（ブラッセル女子職業学校）とあげている。(50) これらの学校が家庭の担い手の育成を主目的としているのは、文部省編・発行『職業教育論』（明治一七年）で「女子ノ職業ト云フ者ハ則家内ノ治理ニ就テ言フナリ（中略）女子ハ内ニ在リテ其職務ヲ尽シ勤労シ勉励、技術、熟練ヲ施シ其智力知識ヲ発達セザル可カラズ故ニ之ガ為ニ特別ノ教育有ルヲ要ス」と述べられているように、(51)「女子ノ職業」たる「家内ノ治理」は「特別ノ教育」を必要とするため、女子職業学校でそれを担うことが企図されていたからであった。欧米における女子職業学校は、産業化が進展する社会の家庭を支える女の育成を目的としていたのである。

一方、明治三〜七年にアメリカに留学した後大蔵省理事官の欧米への産業視察に随行し、共立女子職業学校の校長を勤め（明治二四年五月〜三〇年一一月）、井上毅文相の下では実業教育局長として実業教育の振興に尽力した手島精一（嘉永二年一月二八日〜大正七年一月二一日）は、実業教育の振興を図る目的と女子職業学校の役割について次のように述べている。

欧米諸国ガ今日ノ如キ開明富強ノ結果ヲ獲タル原因ヲ繹ヌルニ其撲固ヨリ一ナラズト雖要スルニ工業技術ノ盛ナルニ職由ス（中略）実業教育ハ目今所所ニ行ハルル授産場トハ其性質自ラ異ナリ（中略）実業学校ノ教育ニ至リテハ学理ヲ講究シ之ヲ実物ニ応用スルモノナルヲ以テ仮令卑近ノ実業学校ト雖其生徒ハ必ズシモ普通ノ教育ヲ受ケタル後ニ非ザレバ益ナキモノトス（女子職業学校は）中等産以下ノ女子ニシテ十二三歳以上ノモノニ実業ヲ授クル所ナリ以上五種ノ学校（筆者注：高等技芸学校・中等実業学校・徒弟学校・夜学校・女子職業学校）ハ皆学齢以上ノ男女ニ非ザレバ入学ヲ許サザルナリ(52)

手島は、「欧米諸国ガ今日ノ如キ開明富強」を実現するために、「普通ノ教育ヲ受ケタル後」の学生に「学理ヲ講究シ之ヲ実物ニ応用スル」ことを学ばせて「工業技術」の発達を図ることを実業教育の使命とした。手島が「授産場トハ其性質自ラ異ナリ」と述べたように、実業教育は単に生活の糧を得る手段を身につけさせるのではなく、知識や技術を以て「実業」を担い「開明富強」を支える人材の育成を目的とした。女子職業学校は「学齢以上」の「中等産以下ノ女子」に「実業ヲ授」ける場で、手島は女を「開明富強」実現の担い手たらしめんとしたのである。なお「中等産以下ノ女子」を対象とする女子職業学校という提案は、上流階級の子女を主な対象として展開してきた女子教育に一石を投じるものでもあった。

欧米とは異なり女子職業学校に実業の担い手の育成という役割を課した理由を、手島は峯是三郎訳『手芸教育論』（金港堂　明治二四年）の序で「特産ノ物品特有ノ技能モ亦益々之ヲ精巧ニシ益々之ヲ発達スルニ非ンバ焉ゾ能ク我国工芸ノ位置ヲシテ鞏固ナラシムルヲ得ベケンヤ」と述べている。(53) 刺繍の技術が日本の主要な輸出品の一つである生糸の価値をさらに高めたように、(54)「工芸」の技術が殖産興業政策において重要な役割を担っていたため、女は実業の担い手として期待されたのであった。それを支えたのは、女が伝統的に身につけてきた「婦功（女功）」である。

なお「職業」の語についてであるが、「織紝・組紃・縫線之事」を「婦職」としたように、(55) 機織・組紐作りと裁縫は古来より女の「職」とされ、奈良時代には綾羅などの織り手は女でその製品を調・庸とし、また衛士などの衣服を裁縫する女官が存在するなど、(56)「婦職」には国家に貢献してきた歴史があった。ここでは、欧米の女子職業学校のあり方や「婦職」の歴史にも留意しながら、実業教育機関である女子職業学校がどのような女の育成を意図していたのかを明らかにしていく。

女子職業学校の設置

女子職業学校の嚆矢は、明治一九年九月一六日に開校した共立女子職業学校である。宮川保全・渡辺辰五郎・後閑菊野・佐方鎮子・松本荻江・鳩山春子らが発起人として名を連ねている設立趣旨書で、同校はその目的を次のように述べている。

我国婦女の世を渡る有様を視るに、概其父兄良人に便りて、其衣食を仰ぐのみにして、自ら生業を営むことを知れる者甚少し、一朝其杖柱と頼める父兄良人の不幸あるにあへば、忽身を処するたつきを失ひて、俄に貧苦に陥り、徒に人を怨み、世を嘆ちて、せんすべを知らざるに至る（中略）かゝる有様に至るゆゑんを推究むるに女子の教育いまだ遍からずして、実業を授くるの道行はれざるに由るなり、近頃女子学校の設世に乏しからざれども、其授くる学科は、或は閑雅優美に流れ、或は高尚深遠に趨り、概文字章句の末に拘り、実業に疎くして、日用に適せず、竟に小学以上の学校教育は専中人以上の子弟に行はれて、広く世の女子に及ぼすを得ざるに至れり

図３　共立女子職業学校の授業風景（『風俗画報』第193号　明治32年７月25日）

桃割れや島田・束髪などを結い太鼓帯を締めた女が刺繍や造花を学んでいる様子が描かれている。髪型が生徒の年齢に幅があったことを示しており、また教員も老婆（中央）・着流しの男性（中央上）・洋服を着た男性（左）と多様であった。

> （中略）世の人或は職業としいへば、賤しき業として厭ふ者あれども、そは大なる謬なり（中略）我が　皇太后　皇后の両宮には、毎年宮中に於て養蚕の業を執らせたまふにあらずや、か丶れば、此等の女功は決して賤しき業にあらず、否、之を婦女の本分とこそいはめ、いかでか之を賤むることを得べき、世の女子を持てる人疾く考を茲に運らして、吾らが此挙に同意し、実業の教育を女子に授けしめられんこと吾らが偏に望む所なり(57)

「或は閑雅優美に流れ、或は高尚深遠に趨り」という女子教育が隆盛をみせる中で、共立女子職業学校は「中人」以下の女の「日用」に役立つ「実業の教育」を行うことを企図した。ここから同校が、実業教育を通して女子教育の改革をも図らんとしていたことが分かる。同校の名称に冠した「共立」は明治四年一二月に政府が初めて設立した女学校に付されたもので

（明治五年一一月に東京女学校と改称[58]）、新しい女子教育を行うことへの自負心が表れている。

同趣意書は、「自ら生業を営む」術を「一朝其杖柱と頼める父兄良人の不幸」に遭遇しても賎業婦という境遇に陥ることを自ら防ぎ得る手だてとして示し、「実業の教育」の意義を説いている。なお「自ら生業を営む」とは独立して生計を営むことではなく、生活の糧を得る手段を持ち他からの扶助を受けることなく一身や家族を養い得るという意味である。そして「自ら生業を営む」ことを「女功」「婦女の本分」とよび、職業に従事することを女が当然なすべきことと位置づけたのであった。なお同趣意書でふれている皇后が行う養蚕は、「職業としいへば、賤しき業として厭ふ」風潮を正さんとする場合によく例示されるもので、皇室における養蚕は明治三年二月に皇后が吹上御所で岩鼻県出身の四人の工女とともに行ったことが始まりである[59]。

同校の授業は「術科」「学科」に分けられ、前者では裁縫（和洋）・編物・刺繍・造花・押絵・組糸・図画が教授され、後者には読書・習字・算術・家事・理科が設けられた[60]。裁縫に不可欠な算術、刺繍や押絵の図案作成や造花に必要な理科のほかに読書・習字を設けたのは、新しい知識や技術を学ぶためには読み書きの能力が不可欠であったからである。また家事を設け、実業に関する知識や技術を身につけるだけでなく家庭の担い手としても秀でた女の育成を意図したことは、欧米の女子職業学校との共通点である。共立女子職業学校は、実業の担い手たり得る手腕を持ち産業化が進展する社会の家庭を支える女を育成することを目的としていたのであった。

では、「閑雅優美」「高尚深遠」という従来の女子教育の短所を改め、「中人」以下の女を実業の担い手たらしめんとする共立女子職業学校はどのようにみられていたのだろうか。『読売新聞』は同校について次のように報じている。

是ハ家事経済の法より裁縫。編物。細工物。図画等より食物調理法までも深切に教へ導びき完全の妻女完全の婢女《ひぢょ》を養成する目的なりと此校有ツて始《ママ》めて婦女子独立の職業の道を得たりといふべし[61]

共立女子職業学校は、「裁縫」「編物」「細工物」だけでなく日常の家事に不可欠な「食物調理法」をも教授し、「完全の妻女完全の婢女《ひぢょ》」を育成する学校と受け止められていたのである。「完全の妻女完全の婢女《ひぢょ》」という表現から、家事の手腕に長じるだけでなく「婦女子独立の職業の道」をも備えていることが理想的な女と考えられていたことが分かる。なお同校の生徒の手腕については、「今春米国ニューヨーク市の工商会社役員某氏が渡米の節共立女子職業学校製の造花を購ひ帰りしに同市に於て非常なる好評を博してより爾来同会社ハ続て造花の注文をなし来り為めに同校にてハ頗る多忙を極め居り」と報じられている。(62) 生徒が製作した造花が輸出品として海外で評価を得たことから、同校は実業の担い手の育成という目的を達していたと言える。

一方北都札幌では、明治二〇年七月一〇日に札幌女子職業学校が開校した。(63) 同校は北海道庁教育課長三吉笑吾が「女芸講習所」として設置を提起したもので、(64) 開校当初は札幌共立女子職業学校と称していた。(65) 開校の趣旨を、三吉は次のように述べている。

私か此春東京に参り近頃の摸様を見まするに処々に女の学校が出来まして女子の教育が余程進みました其中に最も目に付きたるは婦女の職業を教ふるのであります先づ神田に女子職業学校あり山下町に女工練習会あり日本橋釘店に女工教授所あり其外下谷又は麹町辺にも幾個もありて我も〳〵と競て入学を望む様に見受ました（中略）北海道は殖民地にして女ニテモ手芸《てわざ》ハナクテナリマセヌソコデ私が東京に参りてより其学校に至り規則等を見て要用と思ふものを摘み取り足らざるを加へて此学校を開く事にナリマシタ

（中略）

我邦の婦女は何事も良人に依頼する風習故に兎角張気はアリマセン其為す所の事とイへば阿三同様に勝手廻りの事位にして其他は頓と御搆ひなきが如し（中略）世の変遷に従ひ智恵と活動もなければバならぬ様にナリマシタ西洋の婦人の男子に愛敬さるゝハ何故と云ふに結局自ら食ふ事を知り良人を佐け一家を持つに指支なき故による己

に右様の婦人ナラバ其中より出たる小供に馬鹿者はアリマセン[66]

三吉にとって、女子職業学校という教育機関を開設することは、最先端の女子教育を札幌にもたらすことであった。札幌共立女子職業学校という名称が、前年九月一六日に開校していた東京の共立女子職業学校に倣ったものであることは言うまでもない。読書・算術・家事・裁縫（和服・洋服）・洗濯・編物・刺繍の七科を設置し月謝を一円としたことも[67]、同校に倣ったと考えられる。三吉は、「勝手廻りの事」に終始するのではなく「世の変遷」にも眼を向け、「智恵」を生かして「良人を佐け一家を持つ」女が「殖民地」北海道で求められていると考え、同校でその育成を図らんとしたのであった。また女が「良人を佐け一家を持つ」役割を全うすれば子どもはきちんと育つとも述べている。なお三吉が「本校の主意は敢て其困る人をも駆て茲に集めるにはあらず全く婦女にして志ある人のみに教ふる学校」と語ったように[68]、同校は単に生活の糧を得る手段を教授するのではなく、「手芸《てわざ》」を以て開拓を支える女の育成をめざしていたのであった。

木村曙「婦女の鑑」（『読売新聞』明治二二年一月三日〜二月二八日に連載）は、このような世相の中で書かれた小説である。主人公吉川秀子は、イギリスに留学した後に「工業場へ雇ひ女ともなりてまゐる」という志を抱いて渡米し、「細工の精巧き事を見玉はずや（中略）なか〳〵の勉強家にて業に就く其間ハ一言だにも物云ひし事なき迄務めらるゝと云ふ噂なり我身等もかく集ひて何まれ細工を為す上ハ左る人の掙ぎ振を見まほしく候」とアメリカの貴婦人から技巧と勤勉さを賞讃され、日本へ帰国した後は「一芸に秀でたる工人廿人を雇ひ入れひたすら工業の道を固め其中細かなる下職ハ貧婦を雇ひて是れに教へ仕事に応じて幾分の給料を与ふる」という「工業場」を開設した女である[69]。

木村がこのような小説を書いた背景について、『女学雑誌』は次のように述べている。

同志の友と、謀りて、二タ子、海気、及び種々の織物、すべて日本品のみを、択みて、衣服を造り、一切の装飾まで、皆本国のものを用ひ（中略）君は我が国の織物ぬひとりなど、女子一般の手芸品に、一層の改良を加へ、輸出品を盛かんになさば、一はあるに甲斐なき女子の身にて、国益を謀かり、日本美術国の名にも叶ひ、二には為す事もなく、永き日を、遊びくらす、女子達の、手内職とも、なりなん[70]

木村にとって秀逸な「手芸品」の製作は、「甲斐なき女子の身」であっても「国益」に貢献し日本人たる誇りを満たすことであった。また木村は「手芸品」の製作を、「永き日を、遊びくらす、女子達」が自らを有為な存在たらしめる途とも位置づけている。木村がこのような女を「婦女の鑑」として描き支持されたことから、明治二〇年頃には、「女子一般の手芸品」を製作する手腕の秀逸さを以て身を立て世間から認められる女が理想と考えられていたと言えるのである。

札幌の「良妻賢母」を求めて

明治二六年三月に文部大臣に就任した井上毅は、実業補習学校規程（明治二六年一一月二二日　文部省令第一六号）・簡易農学校規程（明治二七年七月二五日　文部省令第一九号）・実業教育費国庫補助法（明治二七年六月一二日　法律第二一号）とともに徒弟学校規程（明治二七年七月二五日　文部省令第二〇号）を制定し、女子職業学校はここに位置づけられた。井上は、実業教育の振興を図る目的を次のように述べている。

我ガ国ハ方ニ文明ノ進歩ヲ見ルニ拘ラズ此ノ科学的ノ知識能力ハ未ダ普通人民ニ浸潤セズ教育ト労働トハ画然トシテ殊別ノ界域ニ立チ農工諸般ノ事業ハ其ノ大部分ニ於テ仍旧習ニ沈澱スルコトヲ免レズ今ニ於テ国家将来ノ富力ヲ進メントセバ国民ノ子弟ニ向テ科学及技術ト実業ト一致配合スルノ教育ヲ施スコトヲ務メザルベカラズ[71]

井上は、「科学的ノ知識能力」を「農工諸般」に生かす教育を振興し、「旧習ニ沈澱」した状況にある「実業」に「文明ノ進歩」をもたらすことにより「国家将来ノ富力」を充実させることを企図したのである。女子職業学校は、徒弟学校規程第一五条で「女子ニ刺繍、機織及其ノ他ノ職業ヲ授クル為ニ設クル所ノ女子職業学校ニシテ此ノ規程ニ依ルモノハ徒弟学校ノ種類トス」と規定された。実業補習学校が「小学校教育ノ補習ト同時ニ簡易ナル方法ヲ以テ其ノ職業ニ要スル知識技能ヲ授クル」ことを目的としているのに対し（実業補習学校規程第一条）、徒弟学校は「職工タルニ必要ナル教科ヲ授」け熟練した技術と専門的な知識を以て実業を担う人材の育成を目的としている（徒弟学校規程第一条）。「職工」を育成する徒弟学校の一種と位置づけられた女子職業学校の生徒は、高い技術が求められていたのであった。なおここで女子職業学校の内容として「刺繡、機織」があげられているが、刺繡の技術が貿易において重要な役割を担っていたことや、機織りが高度な技術を要し現金収入をもたらすため伝統的にその手腕が尊重され女の権威を形成してきたことが理由として考えられる[72]。

北海道では、明治四〇年五月に札幌区立女子職業学校（現北海道札幌東高等学校）が開校したのを皮切りに女子職業学校が設けられるようになり、後に実科高等女学校・高等女学校へ改組し地域の女子教育機関として根づいていったものも多い[73]。女子職業学校が多く設置された一因として実業教育費国庫補助法に基づく補助金の給付が考えられるが、女子職業学校の教育内容が求められていたことがより大きな理由であったとすべきであろう。

明治四〇年五月一日に開校した札幌区立女子職業学校は、札幌区立実科高等女学校（大正九年四月一日開校）・札幌区立高等女学校（大正一一年四月一日開校）・札幌市立高等女学校（大正一一年一月二〇日に校名変更）へと改組を重ね、現在に至っている。また高等女学校への改組にあたり、「女子職業学校創立の精神及び其の系統を存続せん」との思いから、同校の同窓会である静修会が中心となって大正一一年四月一二日に静修会女学校（現札幌静修高等学校）を開校したことは[74]、同校の卒業生がその教育の必要性を実感していたことを物語っている。静修会女学校が開校した当初は札幌区立高等女学校の教員が同校の講師を兼任しており、女子職業学校に対する愛着をみることができる。

札幌区立女子職業学校は、明治四〇年第一回札幌区会（明治四〇年一月二六日開催）における明治四〇年度歳入歳出予算案の審議で青木定謙区長が提案し、文部省告示第九〇号（明治四〇年三月二八日）を以て誕生した。設立にあたり、区長・助役らによって女子職業学校の必要性が次のように話し合われた。

> 現実社会は、女子をして家を治め、子を育てるだけではなく、即ち結婚生活を楽園視して何時までも安閑としてゐることを許さず。家計困難の補助とか、夫婦共稼ぎの方法とか、結婚の準備とかいふ問題を考へさせられ、女子をして自ら経済的独立の要求を叫ばせるやうになつた。（中略）故に札幌市《ママ》は其の教育施設において、この趨勢に応じ、所謂一芸の士は以て語るべし、といふ古語の如くに、其の仕事に自信を有する人として育て上げる教育を施さなければならぬ(75)

日露戦後の札幌で家庭を担うには、家事や育児だけでなく「家計困難の補助とか、夫婦共稼ぎの方法」を身につけていなければならないため、札幌区立女子職業学校はこのような女を育成することが期待されたのである。同校がめざした「一芸の士」は、単に「家計困難の補助」のために働く女ではなく、実業の担い手として確固たる手腕と「其の仕事に自信を有」する女であった。

また青木は、同校に託した思いを、明治四三年三月二七日に行われた第一回卒業式で次のように述べている。

> 本校は名を職業学校と呼ぶも単に手芸を授くるを目的とするにあらずして学芸を習得せしむるの傍ら良妻賢母たるの資格を具有せしめんとする(76)

青木は、「手芸」と「学芸」を兼ね備えることを札幌のまちにおける「良妻賢母たるの資格」とし、その育成を札幌区立女子職業学校に託したのであった。同校は「女子ノ職業ニ

表8　札幌区立女子職業学校の授業時数

	第１学年	第２学年	第３学年	補習科
修身	1	1	1	1
数学	3	2	2	2
理科	1	1	1	1
国語	5	4	4	4
体操	2	2	2	2
図画	1	1	1	1
割烹		2	2	2
家事		2	2	1
音楽	1	1	1	2
裁縫	17	16	16	14
袋物		1	1	1
刺繍	2	2	2	2
造花	2			
編物	1	1	1	1
教育				2
合計	36	36	36	36

（北海道札幌東高等学校所蔵資料より作成）

必要ナル知識技芸ヲ授ケ淑徳ヲ養フ」ことを目的とし、本科三年・撰科一年の課程で、本科には修身・裁縫・編物・刺繍・造花・袋物・割烹・家事・国語・数学・理科・図画・音楽・体操、撰科には修身と裁縫・編物・造花を設けた(77)。授業時数は表8で示した通りで、裁縫が約半分を占めている。

教員への途を拓くことは、生徒を「一芸の士」たらしめる方策の一つである。札幌区立女子職業学校は明治四二年四月一三日に学則を改正し補習科を新設して小学校裁縫専科教員検定科目を設け(78)、翌四三年三月九日には「補習科課程中教育ハ必ズ師範学校中学校高等女学校等ノ教員免許状ヲ有スルモノニシテ担任」させることを条件に文部省検定の受験資格を得た（二教第四八号）。そして四四年一月一七日には補習科卒業生に対する小学校裁縫専科正教員と尋常小学校准教員の無試験検定の認可を札幌区長に申請し、同年二月一四日に認可を得たのである（札第一六二七号）。女子職業学校が教員養成の任を担うことは、同校が札幌のまちで女子教育機関として地位を築いていくうえでも重要な役割を担ったのであった。

また群馬県女子師範学校校長などを経て大正三年一月二四日に同校校長に就任し、女子職業学校から実科高等女学校・高等女学校への改組を担い一一年一一月一六日まで第四代校長を勤めた岩谷英太郎は、同校の目的を次のように述べている。

実業教育は良妻賢母の資格を妨ぐるものにあらずして、却て之を幇助するに於てをや、未婚女子にして中流以上に嫁すべきものは僅に其の幾分の一に過ぎず、其大部分は中流以下に婚すべし、故に婚資として、国語、英語、洋琴、西洋割烹法を持参せしめんよりは、寧ろ手芸実業を持参せしむるは、大多数良人の歓迎する所とならん(79)

岩谷は「大部分は中流以下に婚す」という生徒の境遇をとらえ、「手芸実業」を以て生活の糧を得ることなくして家庭を支え得る「良妻賢母」たり得ないと説き、実業教育の必要性を主張したのである。岩谷が「実業教育は良妻賢母の資格を妨ぐるものにあらず」と述べたのは、実業教育は技術の習得に終始するものでしかないという批判に反論し、「手芸実業」に関する教育が精神的な陶冶を与えるものであることを説くことがねらいであった。また岩谷が[80]「中流以下に婚す」女の育成をあげたことには、「中等以上ノ社会ニ於ケル女子」（高等女学校令施行規則第一条　明治三四年三月二二日　文部省令第四号）を育成する高等女学校とは異なる役割を担わんとの意が込められている。「一芸」を以て生活の糧を得て「中流以下」の家庭を担う女こそ、求められていた「良妻賢母」であったと言えよう。

註

（1）曙女史「最近十五年間に於ける東京女学生風俗の変遷」『女学世界』第九巻第一四号　明治四二年一一月一日。

（2）松原岩五郎『女学生の栞』博文館　明治三六年　二二五〜二二六頁。

（3）『女学生の栞』二七〇頁。

（4）塚本はま子「女子の遊学（下）」『女学世界』第六巻第三号　明治三九年二月五日。

（5）東京女子高等師範学校編『東京女子高等師範学校六十年史』東京女子高等師範学校　昭和九年　三七四〜三七五頁。

（6）SN女史「女子大学寄宿生の生活」『女学世界』第四巻第四号　明治三七年三月一五日。

（7）正岡芸陽『理想之女学生』岡島書店　明治三六年　三七頁。

（8）巌本善治は、女子教育機関の寄宿舎が担うべき役割について次のように述べている。

其進退居作の優美ならざる其言語応接の温和ならざる或は家事経済に暗して無用の外事に明なる姑旧親戚に関ハるの仕来りを知ずして交際万端をたゞ書生流儀となさまく欲する等十目の見る所大抵之をその通弊として認る者なり

（中略）

今の女学校は教課の順序、食物の撰択、教授の心得、校舎の結構、及び寄宿の模様等大抵男学校と同様にして多く異る所あるを見ず之れ大なる失策と云ハざる可らず、故に斯る女学校の生徒諸君が出て人に嫁し多く彼此の不満足を来すことを免れざるものハ其原因大抵女学校の教育宜きを得ざるに因ると云ふものあるも一応之を尤の異論として受納せざる可らざる也故に吾人は女学校教育の方法に関し多少の卑考を吐露して敢て当路者の参考に供せんと欲するに当り先づ第一に改良を要すべきものと認るは即ち今の女学校の寄宿舎これ也。

（「女生徒の妻（社説）」『女学雑誌』第四九号　明治二〇年一月二九日）

女学生の「優美」「温和」とは言い難い言動や「家事経済」の知識・技能の未熟さ、「交際」の「仕来り」を身につけていないという常識の欠如などは女子教育の弊害ととらえられ女子教育の是非が問われる要因であったが、巌本はこのような女が輩出された原因が、女子教育が「男学校」と同様に展開してきたことにあるとした。そこで巌本は「女学校の寄宿舎」を女子に固有の教育をなす場と位置づけ、家事の技能の未熟さや礼儀作法の欠如などの「通弊」の「改良」を図らんとしたのである。「女権」を獲得し男と肩を並べて生きる女を輩出するための「女学」を展開してきた巌本にとって、「男学校と同様」の教育を原因とする弊害の克服は必至の課題であった。

(9)『女学世界』は定期増刊号「女学校生活」（第四巻第四号　明治三七年三月一五日）で日本女子大学校・実践女学校・女子学院などをとりあげた。また第九巻第三号（明治四二年二月一日）より河岡潮風による学校訪問記が連載された。

(10) 日本女子大学校編『日本女子大学校四拾年史』日本女子大学校　昭和一七年　四三八～四三九頁。

(11) 成瀬仁蔵『女子教育』博文館　大正七年　一七三～一七六頁。

(12) 下田歌子「家庭教育所見」『女学世界』第二巻第一号　明治三五年一月五日。

(13) 塚本はま子『実践家政学講義』積文社　明治三九年　二〇〇頁。

(14)「各府県師範学校高等女学校寄宿舎取締法類別表」『女学雑誌』第五一一～五一三号　明治三三年七月二五日～三四年二月二五日　全三回。

(15) 甫守ふみ『新編家事教科書』下　晩成処　明治四四年　一六〇頁。

(16) 後閑菊野・佐方鎮子『家事教科書』上　目黒書店　明治三一年　一八頁。

(17) 長野県教育史刊行会編『長野県教育史』第一二巻　長野県教育史刊行会　昭和五二年　六九四～六九五頁。

(18) 兵庫県明石女子師範学校編『回顧三拾年』兵庫県明石女子師範学校　昭和八年　一八頁。

(19)『長野県教育史』第一三巻　昭和五三年　七二〇～七二七頁。

(20) 埼玉県立浦和第一女子高等学校創立九十周年記念誌編集委員会編『埼玉県立浦和第一女子高等学校創立九十周年記念誌』三陽社　平成二年　四七頁。

(21)「埼玉女子師範の養蚕（女学界）」『婦女新聞』第三一五号　明治三九年五月二一日。
「松江高女の養蚕（女学界）」『婦女新聞』第四二三号　明治四一年六月八日。
「女生徒の養蚕実習（女学界）」『婦女新聞』第五二六号　明治四三年六月一七日。

(22)「女学校の養蚕（女学界）」『婦女新聞』第五二九号　明治四三年七月八日。
(23)婦人記者「加納子爵の家庭（上）」『女学世界』第三巻第一号　明治三六年一月一日。
(24)津田英学塾編『津田英学塾四十年史』婦女新聞社　昭和一六年　五六九～五七一頁。
(25)『津田英学塾四十年史』五一～五二頁。
(26)弥生女史「女子英学塾の瞥見」『女学世界』第四巻第四号　明治三七年三月一五日。
(27)中村鈴子「女子学院塾舎の生活」『女学世界』第四巻第四号　明治三七年三月一五日。
(28)寮生の一人「三輪田女学校家族組織の寄宿舎」『女学世界』第四巻第五号　明治三七年四月五日。
(29)高等女学校授業要目（明治三六年三月九日　文部省訓令第二号）では、第三・四学年において「みしんノ用法」を教授することとしている。明治三四年にアメリカからシンガーミシンが初めて輸入され、四〇年には秦利舞子が有楽町にシンガー裁縫女学院を開校し、翌四一年には『みしん裁縫ひとりまなび』（シンガー裁縫女学院実業部）を刊行するなどミシンの普及が図られていた。洋装の普及は実物大の型紙によって生地を裁断し手縫いでも可とする方法によるところが大きかったが（村上淳子「都市生活における婦人の洋装―『主婦之友』にみる衣生活の変化」『風俗』第三三巻第一号　平成六年一〇月）、整然としたミシンの縫い目は運針の稽古を重視する裁縫教育を受けている女にとって魅力的であったと言えよう。
(30)『文部省年報』によると、明治三九年度の官公私立小学校の卒業生は一、〇三七、四八四人で、同年の高等女学校の入学者の入学者は九、二五〇人であるため、高等女学校への進学率は〇・九％（本科のみ）であった。
(31)小山裕子「『各種学校ノ願伺届録』にみられる裁縫女学校の教育―明治20年代の東京府を中心に―」『人間研究』第三一号　平成七年。
(32)島立理子「『まち』の裁縫所―その特色と役割―」『民具研究』第一二八号　平成一五年。
(33)島立理子「『むら』の裁縫所」『町と村調査研究』第三号　平成一二年。
(34)戸板せき子「裁縫を教ゆるについての難易」『女学世界』第一〇巻第一三号　明治四三年一〇月一日。
(35)「最新東京女学校一覧」『女学世界』第六巻第六号　明治三九年四月一五日。
(36)渡辺学園創立百周年記念事業実行委員会年史編集委員会編『渡辺学園百年史』渡辺学園　昭和五六年　三〇頁。
(37)札幌市教育委員会編『新札幌市史』第八巻Ⅰ統計編より　札幌市教育委員会　平成一二年。
(38)『北海タイムス』明治三五年九月五日。

(38) 『北海タイムス』明治三七年四月六日。
(39) 『北海タイムス』明治三八年五月二八日。
(40) 『北海タイムス』明治三八年六月四日。
(41) 『北海タイムス』明治三八年一〇月一九日。
(42) 『北海タイムス』明治四一年五月九日。
(43) 『北海タイムス』明治三七年一一月二〇日、三八年五月一三日。
(44) 『北海タイムス』明治四二年五月二日。
(45) 『北海タイムス』明治四一年七月二四日。
(46) 『北海タイムス』明治三九年五月一六日。
(47) 『北海タイムス』明治四一年七月二四日。
(48) 『北海タイムス』明治四一年六月二八日。
(49) 『北海タイムス』明治四二年四月二五日。
(50) 文部省総務局翻訳『技芸教育調査委員第二報告書』文部省　明治一九年　二九二～二九五頁。
(51) 文部省編輯局編『職業教育論』文部省　明治一七年　六〇五頁。
(52) 手島精一「実業教育論」『教育時論』第四八号　明治一九年八月一五日。
(53) 「序」より　峯是三郎訳『手芸教育論』金港堂　明治二四年。
(54) 工芸品を製作する技術の重要性について、村上信彦は次のように述べている。

生糸で輸出すれば十五円のものが、ハンカチに刺繍して出せば百円になるのだから、じつに八倍の利益である。しかも日本には厖大な内職人口があって、低賃金で技術を買えるのだから、大半の利益は業者の手に落ちる。輸出商がこれを見逃す筈はなかった。だからハンカチ刺繍の注文が殺到して、一時は輸出の第三位を占め、年額五百万円に達したのである。

（村上信彦『明治女性史』中巻後篇　理論社　昭和四六年　二八頁）

(55) 『大漢和辞典』より。
(56) 文部省総務局図書課編『日本教育史』巻上　大日本図書　明治二三年　一九七～一九八頁。
(57) 共立女子学園百年史編纂委員会編『共立女子学園百年史』ぎょうせい　昭和六一年　三頁。

(58)『学制百年史』二二二～二二三頁。
(59)石井研堂『明治事物起源』橋南堂　明治四一年（『明治文化全集』別巻　日本評論社　昭和四四年　七二頁）。
(60)『共立女子学園百年史』七～一一頁。
(61)『読売新聞』明治一九年八月二四日。
(62)『読売新聞』明治二六年一〇月一二日。
(63)『北海道毎日新聞』明治二〇年七月一二日。
(64)『北海道毎日新聞』明治二〇年五月一三日。
(65)『北海道毎日新聞』明治二〇年六月一四日ほか。
(66)『北海道毎日新聞』明治二〇年七月一二日。
(67)『北海道毎日新聞』明治二〇年六月一七日。
(68)『北海道毎日新聞』明治二一年二月二二日。
(69)税所敦子編『明治文学全集』81　筑摩書房　昭和四一年　二二九～二四五頁。
(70)清花女史「曙女史、木村栄子の伝（上）」『女学雑誌』第二三七号　明治二三年一一月一日。
(71)文部省訓令第一二号　明治二六年一一月二二日。
(72)『明治女性史』中巻後篇　一七八頁。
(73)明治期に開校した北海道内の女子職業学校のその後の変遷は次の通りである。

岩見沢町立女子職業学校・明治四〇年六月二八日設立認可。七月二八日開校式を挙行。
　昭和一九年廃止。女子商業学校へ改組。

寿都町立女子職業学校・明治四一年七月一五日開校。
　昭和二年甲種実業学校に認可。
　昭和九年町立寿都高等家政女学校に校名を変更。
　昭和二二年町立寿都高等学校となる。

根室女子職業学校・明治四〇年六月一日開校。
　大正八年根室町立実科高等女学校へ改組。

大正一二年四月北海道町立根室高等女学校へ改組。

(74) 山口庸矩編『回顧三十年』札幌市立高等女学校　昭和一三年　四六頁。

(75) 小川幸太郎「設立当時の思出」『自彊』第五〇号　昭和一三年一二月二〇日。

(76) 『北海タイムス』明治四三年三月二八日。

(77) 『回顧三十年』一〇〜一一頁。

(78) 「沿革誌」より（北海道札幌東高等学校所蔵）。

(79) 岩谷英太郎「女子実業知識の普及」『北海之教育』第二七四号　大正四年一一月五日。

(80) 『婦女新聞』は、女子の実業教育が批判される理由を次のようにあげている。

お姫様的高等女学校に対して、似而非技芸学校の盛になつたことである。（中略）基礎なく精神なき技芸教育をうけた女子は、職業を執りつゝも、自らの職業を卑み（中略）金銭の奴隷となり、やゝもすると、その徳操を忘れはて、ついには、自己の女子たることをも忘却

（野の花「女子の職業と教育（上）」『婦女新聞』第二二三号　明治三七年八月一五日）

第三章　家庭の担い手

第一節　一家団欒をめぐり

「家庭」の役割

明治三三年五月一一日に創刊された『婦女新聞』が、「まづ善良なる家庭を作りて、然る後社会の風儀を矯正せんとす」ることを創刊号で同紙の目的の一つとしてあげたように、「家庭」の形成は社会改良の基礎と位置づけられ日本が近代社会を形成するうえで欠くべからざるものであった。表9で、国立国会図書館に所蔵されている図書のうち、書名に「家庭」の語が付されているものの数を示した。明治二〇年代には、小池民次・高橋秀太『家庭教育』（金港堂　明治二〇年）・稲生輝雄『家庭修身談』（目黒書店　明治二五年）など家庭教育に関する図書が多くみられる。そして時代を経るに従い緒方正清『家庭衛生』（大阪新報社　明治三八年）・赤堀峰吉『家庭料理法』（杉本翰香堂　明治三八年）といった家事の実務に関するものが加わるほか、堺利彦『家庭の新風味』（内外出版協会　明治三四〜三五年）・三輪田真佐子『新家庭訓』（博文館　明治四〇年）などの家庭論もみられるようになった。なお『家庭衛生』などの書名に付された「家庭」の語は、家庭に居ながらさまざまな知識や技術を学ぶことができるという意味をも持つ。また明治三〇年代以降になると「家庭」に関する全集が刊行されるようになり、家庭に対する関心がさらに高まってきたことを示している。下田歌子が執筆し明治三〇〜三四年にかけて博文館より刊行された『家庭文庫』（全一二編）は、『料理手引草』『女子手芸要訣』など日常の家事に関することから『母親の心得』、さらには『女子作文之栞』など幅広い内容を網羅し、女の日常におけるさまざまな営みを支えることを意図していた。

そして明治三〇年代半ばより、女子の友記者『家庭の楽』（東洋社　明治三四年）・的場鉎之助『家庭の快楽』（家庭全書第一一編　尚文堂　明治三五年）・井上精一『娯楽実益家庭園芸博士』（広文堂　明治三八年）・成沢金兵衛『家庭遊戯全書』（内外出版協会　明治三九年）・天野誠斎『家庭の趣味と実益』（求光閣　明治四一年）・大森万次郎『家庭の趣味』（家庭百科全書第一九編　博文館　明治四二年）・高橋忠次郎ほか『家庭遊戯法』（家庭百科全書第二〇編　博文館　明治四二年）など、家庭の「趣味」をとりあげた図書が多くみられるようになった。これらでは家庭の「趣味」の必要性が説かれるとともにその具体例が示され、手引書としての役割を担っている。

このような図書が多く刊行されたのは、塚本ハマが『実践家政学講義』（参文舎　明治三九年）で「今の時代は、旧家庭破れて、将に新家庭を作る必要を生じて参つたので御座いますから、将来一家の主婦となるべき諸嬢《みなさん》は、尚更適切に此学問（筆者注：家政学）を応用して、花笑ひ、鳥歌ふやうな趣ある平和の新家庭を形作るやうに、心掛けられ度いもので御座います」と述べたように(1)、女は豊かな知識や技術を生かして「平和の新家庭」を実現することが期待されており、そのためには「趣味」が欠くべからざるものであったからである。『女学雑誌』でクリスチャン・ホームの実現を説いた巌本善治、明治二五年九月に『家庭雑誌』を創刊し二七年八月〜二九年一二月にかけて民友社より『家庭叢書』全一四巻を刊行した徳富蘇峰、明治三四〜三五年にかけて『家庭の新風味』（内外出版協会）を出版しまた三六年四月に由文社より『家庭雑

表9　「家庭」に関する書籍数

	「家庭」を冠した書籍	「家庭」を冠した全集	「家庭」を冠した雑誌
〜明治20年	1	0	1
明治21〜25年	29	1	1
明治26〜30年	29	2	0
明治31〜35年	51	6	0
明治36〜40年	16	11	6
明治41〜45年	77	11	2

（NDL-OPACより作成　平成18年3月25日）

誌』を創刊した堺利彦らの家庭論においても、「趣味」は重要な位置を占めていた。

巌本は『女学雑誌』第九六号（明治二一年二月一一日）より「日本の家族」を連載し（〜第一〇二号　三月二四日　全七回）、その第一回目で「我国人が其家族《かない》に対するの思ひは未だ英米人が其のホームを見るが如く濃切《こまか》ならず」と述べ、日本人は欧米の人々の「ホーム」に対する愛情を学ぶべきとした。巌本は「ホーム」の日本語訳として「家族《かない》」の語を用い、「家族《かない》にして族人相ひ和楽団欒《たのしみまどひ》せざる所の家は得て彼の美風を現す能ハざるもの也」と述べている。巌本における「ホーム」とは、「和楽団欒《たのしみまどひ》」を以て成り立つものであった。そして巌本は、「日本の家族」の最終回で女を「一家族の女王《にょおう》」とよび、「和楽団欒《たのしみまどひ》」を実現するというその役割について次のように述べたのである。

諸君希わくば志を決して大に其徳を発揚し以て此の大不幸福なる日本の家族を一変せしめよ。講檀に立つて堂々女権論を述るハ諸君の名誉なり鹿鳴舘に踊り金鞍の馬に乗ずるも亦た諸君の壮遊なり慈善の大市を開いて慈善の金を集むるも亦た天下人が諸君の為に尤も注目する所ろ也如此き事もとより不可なし然れども吾人は之と共に更らに諸君に隠密なる静粛なる尤も音声なきの大事業を求めざるべからず。諸君請ふ能く忍び能隠れ先づ其管理する所ろの戸々の家族を幸福にせよ茲に和気雍々として充満し一家団欒して和楽を極めば吾人及び万国民が共に日本国の為に痛歎する所ろの諸ろの大弊害忽焉として去るべし

巌本は、「一家族の女王」たるべき女が「一家団欒」を実現して「大不幸福なる日本の家族」を「幸福」にすることは、「隠密なる静粛なる」ものではあるが「講壇に立つて堂々女権論を述る」ことや社交の場で活躍し「慈善」事業に貢献することに匹敵する「大事業」であると述べ、「一家団欒」を形成する重要性を示した。そして巌本は、「一家族の女王」による「一家団欒」の実現が「日本国」が抱える「大弊害」の解決をもたらすと説くことにより、女を家庭のみならず社会改良の担い手と位置づけたのである。また女が「一家族の女王」として「一家団欒」の創出という新たな役割を担うことは、女が家庭の中で地位を築く契機となり得た。[2]

一方堺利彦『家庭の新風味』は「春風村舎の記」（明治三二年）を元とし、[3]「新風味はもとより中等社会の家庭から生じていくべきものである」ため、「中等社会」を対象とし「家庭に関する現時のもっとも進歩したる意見および趣味を代表」することを目的に執筆された。[4] 堺は「家庭とは、家屋のことでも庭園のことでもない。漢文で『家を成す』といい普通の言葉に『家をもつ』というその『家』の意味である。英語ではこれをホームという」と述べており、[5] 家庭をさまざまな営みを以て成立し得るものととらえている。堺は『家庭の新風味』第五冊で「家庭の和楽」をとりあげ、「食卓」「来客」「宴会」「散歩および出遊」「遊戯」「子供および老人」について論じた。

なお民友社が発行した『家庭叢書』は第一巻で「家庭之和楽」をとりあげ、「一家の主人」に対し「多少の学問と見識を備ふるに係はらず、家庭の事に至りては実は文盲漢の甚しきものなり、かゝる家庭は常に不和楽不健全なること更に疑を容れず、然れども之を挽回して家庭の楽を円満ならしめんとせば其家の妻女及家人の感化を以て主人の心を柔げしむるに如かず」と説いた。[6]「一家の主人」が家庭の「和楽」を担うとしている点が巌本や堺との違いであるが、「家庭之和楽」が『家庭叢書』の第一巻でとりあげられていることは徳富が家庭の「和楽」を重視していたことを示している。[7] 家庭の「和楽」の実現は、徳富が主張していた「田舎紳士」による社会改良の要であった。

家庭の象徴とされた一家団欒の形成は、家庭の担い手という女の役割の核となるものであった。ここでは、その役割を全うするために女は何をなすことが求められていたのかを明らかにしていく。なお一家団欒はほかに「家庭の趣味」「家庭の娯楽」などの語を以て表現されたが、それらの意図するところに共通点があることから本書ではその違いには言及せず、[8] 資料の引用においては資料に準じることとする。

一家団欒の理想と現実

一家団欒は、図4のように描かれることが多かった。家長（祖父）が床の間を背にして座りその前に家族が集まっており、一家団欒は家長を中心に展開するものと考えられていたのである。床の間や違い棚のある部屋で家族が羽織・袴を着用するなど正装しているように、一家団欒は日常的な営みではなく、またあらゆる家庭で行われるものではなかった。家庭の象徴とされた一家団欒であるが、実際にはこのようなイメージを以てとらえられており、一般的であったとは言い難いのである。

一方『女学世界』の定期増刊号「社会百生活」(第四巻第一二号　明治三七年九月一五日)は、「社会各階級に於ける生活の状態を紹介する」ことを目的とし、(9) 図5のような一家団欒の様子を描いている。「上等社会」「中等社会」「下等社会」「最下層」の団欒の共通点は家族が集い語りあっていることであるが、その内実は「社会各階級」においてさまざまであった。

図4　一家団欒のイメージ(内田安蔵編『婦人文庫』大日本家政学会　明治42年　国立国会図書館所蔵)

「上等社会」では家族がテーブルに集っており、西欧の文明として示された「ホーム」が体現されている。両親の間に息子が座り上座・下座の位置づけがなく、家族が対等の関係を築いている。しかし乳母がいる家庭でテーブルを囲んで西洋式のお茶(父親はリキュールか)を飲むといった一家団欒は多くの家庭にとって現実的なものではない。なお日本茶を飲みながら家族が語り合うという一家団欒の見本にはなり得るだろう。また

図５　さまざまな一家団欒（『女学世界』第４巻第12号　明治37年９月15日　国立国会図書館所蔵）

「上等社会」の家庭には祖母・両親・孫の三世代と乳母がいるのに対し、「中等社会」では乳母はおらず母親が子どもを膝に乗せ、両親と子どものみの家族構成である。ここでは一家団欒が少し現実味を帯びており、特に息子が本を開いて家族に語りかけている様子は、子ども中心の一家団欒のあり様を示している。

一方「下等社会」「最下層」では、裁縫や子守をしながらでも家族が集い語ることを一家団欒ととらえていることが特徴である。このような日常的な場面に一家団欒という意義づけをすることにより、一家団欒を生み出し得るのである。しかし散らかった室内や間食をする児童など生活上の問題点も描かれ、これらの問題を解決し仕事の手を休めて家族全員が楽しめる一家団欒を形成する必要性が指摘されている。

『女学世界』は記事においても「細民の生活」をとりあげ、次のように述べている。

中には主人が暁に帰りますから家内がそれ迄

臥て、主人が帰ると交代する、或は妻が露店に出て、二三時頃に帰ると夫が最早働きに出る頃であるからそのまゝ起きると云ふ風になつて居ると云ふことです

（中略）

小児の教育など、云ふことは無論考へもしない、年中遊ばせきりで、少し使る様になると何でもかまはずどし〳〵追ひやるのです(10)

『女学世界』がとりあげた「細民」の主な生業は人力車夫・日雇いなどで、貧困の一因が病気にあることや長屋での生活には相互扶助がみられることなどが記されている。夫と妻が交代で働きに出るという生活では一家団欒の場を形成することが難しいため、まずはこのような労働のあり方を改善することが課題であった。また子どもに労働力としての役割を課すことも、一家団欒の形成を困難にする一因である。一家団欒を生み出すためには、生活や労働のあり様を改善するとともに、あらゆる家庭において実現可能な一家団欒を具体的に提示することが必要であった。

このような中堺利彦は『家庭の新風味』で、「一家団欒の趣はもっとも多く食卓の上に現われる。（中略）一家の者が一つの食卓を囲んで、相並び、相向かって、笑い、語り、食い、飲む、これがもし無いならば、家庭の和楽の半分は減じてしまうであろう」と述べ(11)、家族がともに食卓を囲むという日常的な営みを一家団欒と位置づけた。先に示した「上等社会」「中等社会」のような一家団欒ではその場を新たに設けなければならないが、食事の場を一家団欒と位置づけることはその実現を容易にする。一家団欒の光景に欠かせないちゃぶ台は本来は衛生的な配慮から箱膳（銘々膳）に替わり提起されたもので、衛生に対する意識が高まる中でちゃぶ台を使い家族が同じ食卓で同じ物を食べることは、食卓を囲むという一家団欒の魅力をさらに増すべきであった。

しかし青森県の士族の娘として育った羽仁もと子が「テーブルを囲んで食事をするなどということは、想像にさえうかんで来ないことであった」と述べたように(12)、家族がともに食卓を囲むというのは未だなじみ難い生活習慣であっ

たのである。実際に銘々膳からちゃぶ台へと移行したのは大正中期から昭和前期にかけてであるため、(13)明治後期においてはともに食卓を囲む姿は理想像としてとらえられていた面が強かったのであった。

『婦女新聞』は、共に食卓を囲むことを一家団欒と位置づけることに対し次のように反論している。

今日家庭に就いて研究すべき問題は、誠に沢山ある。此の沢山ある問題の中で、家庭の趣味といふ事は、甚だ必要で、又我が家庭に、此の問題を論ずるといふ事は、頗る急務であらうと思はれます。

（中略）

今日の家庭の趣味と言へば、只だ食事の時ぐらゐで、夫れも頗る其の要を得ないものである。最も家庭の間に、瑞気たなびいて、大に楽をとるべき宵になれば、父は散歩と称して外に出で、母は子を顧みずして下婢を使ふのに急がしく、子は取りつく島なしに、直ぐに寝てしまふ、と斯う言ふ有様です。

（中略）

如何にして家庭の趣味を増し、如何にして家庭の趣味を高むべきかと言ふのに、それには二個の要旨がある。一つは精神で、一つは方法であります。精神上では、一家共に楽むといふ考、方法としては、談話と遊戯の改良であります。今の我が家庭では、何うも共に楽むといふ心がけに無い《ママ》やうに見受けられる。それは、是れ迄の習慣にも依らうが、夫が妻を賤むといふやうな傾で共に楽まうとし無い。が、是は夫ばかりの罪では無いので、妻も其責任は分たなければなりませぬ。(14)

『婦女新聞』は、堺が提唱するような「一家の者が一つの食卓を囲」むことを大切なものと考える価値観が欠如していることを指摘し、「一家共に楽むといふ考」を家族が共有することが先決であるとした。特に「夫が妻を賤む」習慣を廃するとともに妻自身が家族と「共に楽むといふ心がけ」を身につけるよう説き、女の努力により夫婦や家族のあり方を改めさせようとしている。「女大学」は「女子は、稚き時より、男女の別ちを正しくして、仮初にも戯れたることを見聞かしむべからず」と男女が親しくすることを禁じており、女が夫と「打とけ」ることを阻んでいた一因はここにあったと考えられる。そこで『婦女新聞』は、このような価値観を払拭することを一家団欒を形成する端緒と位置づけ、一家団欒の実現を女が変わる契機たらしめんとしたのであった。[15][16]

また『女学世界』は、一家団欒の形成が難しい理由を次のように指摘している。

大阪の家庭では一家団欒して楽しむといふ場合が至つて少ない様です、主人は忙しう商業に駆け廻つて居るのに、妻君は気楽さうに芝居観に行て居るとか、或は妻君が多くの召使を操縦して毎日〳〵家政に心労して、塵まぶれに成て働いて居るにも頓着なく、主人は青楼の二階で芸者に取巻かれて、面白可笑しう遊んで居る[17]

『女学世界』は、「一家団欒して楽しむ」ことが少ない原因が、一家団欒の場を「芝居観」「青楼」に求め家族で「楽しむ」という発想が欠如していることにあると指摘した。また「商業」「家政」などお互いの役割に対する理解や配慮がないことも、一家団欒を共有することへの欲求が希薄になる一因である。女は家庭の担い手としてこれらの問題を解決し、家庭を団欒の場たらしめることが求められていた。そしてそれは、女が娯楽を享受する途を拓くものでもあったのである。

第二節　「家庭の趣味」としての園芸

園芸への着目

『婦女新聞』は、それぞれの家庭で「家庭暦」を作成して「和楽日」を設け「家庭の趣味」を実践するよう説いていた。表10は、『婦女新聞』がとりあげた「家庭の趣味」をまとめたものである。文学や和歌では、場所や器具を必

表10　『婦女新聞』で紹介された「家庭の趣味」

号	刊行年月日	題名	欄	執筆者	内容
6	明治33年6月18日	家庭の趣味を高めよ	（社説）	湖山	談話・遊戯
14	33年8月13日	女子と文学	（社説）		読書
14	33年8月13日	一家団欒の楽		嘉悦孝子	団欒
29	33年11月26日	女子と和歌	（社説）		和歌
71	34年9月16日	和楽日を制定せよ	（社説）		家庭暦
100	35年4月7日	女子と文学		宮田修	読書
105	35年5月12日	家庭の養蚕（連載）		緑山隠士	養蚕
106	35年5月19日	婦人と音楽	社説		音楽
144	36年2月9日	婦人と園芸（連載）	社説		園芸
177	36年9月28日	家庭暦	社説		家庭暦
187	36年12月7日	婦人と読書（連載）	演説	桜井錠二	読書
217	37年7月4日	家庭幻灯会	家庭		幻灯
228	37年9月19日	家庭暦について（連載）	家庭	家庭子	家庭暦
243	38年1月1日	婦人と文学		高信狂砕	読書
244	38年1月9日	家庭談話会	家庭	家庭子	家庭談話会
484	42年8月20日	家庭趣味と茶道（連載）		石渓子	茶道
563	44年3月3日	雛まつり	社説		雛祭り
607	45年1月3日	婦人と読書		鳩山春子	読書

要としないことが「家庭の趣味」としての利点とされている。また「婦人と音楽」では、音楽を「人の心を爽快にし、高尚にし、優美にし、善良にす」るとしている。音楽をこのように意義づけることは、遊里の芸能という音楽のイメージを改め「家庭の趣味」として勧めるうえで不可欠であった。なお「高尚」「優美」「善良」などは当時における理想の人物像で、「家庭の趣味」は一家団欒を生み出すのみならずこのような人材を育成する役割をも果たすことが期待されていたのである。

　このように多様な「家庭の趣味」を提示する中で、『婦女新聞』が特に力を入れたのが園芸である。明治三〇年代後半より小谷保太郎編『家庭園芸談』（吉川弘文館　明治三六年）・富益良一『家庭園芸術』（博文館　明治三八年）など家庭を対象とする園芸書が刊行され、富益が「園芸は文明の生産物である。開化の権化である」と述べたように[18]、外国から紹介された蔬菜や花卉などを栽培することには文明を暮らしの中にもたらすという魅力があった。また園芸を通して土にふれるという提案は、産業化が進展する社会の中で生活する人々の興味を引いたのである。

　ここでは、『婦女新聞』が「家庭の趣味」として園芸の普及を図った事例をとりあげ、園芸を通して女は何を培うことが期待されていたのかを明らかにしていく。

園芸から学ぶもの

「家庭の趣味」として園芸を奨励する理由を、『婦女新聞』は次のように述べている。

園芸は、家庭の娯楽として最も適せり。老も幼も、男も女も、同時に楽しむことを得べく、且その、一家団欒の機会を求めざるに与ふ。（中略）子は父に対して、自分が丹青したる西洋苺の実を誇り、嫁は姑の手を取りて、薔薇の花を品評するなど、いづれか、無意識に、団欒の楽を取るものにあらざる。

（中略）

園芸は、一人よりは二人、二人よりは三人、見る人の多きほど其楽も大なれば、衆と共に楽しむといふ点よりいふも、家庭には最も適当なり。競争心を起さしめず、従ひて嫉妬心を生ぜしめず、幾人にて見れども尽きず、幾人にて楽しめども損せざるところ、之を和気洋々たる家庭の調和場といふも誣言にはあらじ。

舅は盆栽をいぢり、姑は庭の草を取り、やがて晩餐の膳に向ひたる時、嫁が手作りの茄子南瓜がうづ高く盛られたるなど、いかに美はしき画題にあらずや(19)

園芸の魅力は、家族がそれぞれの嗜好や年齢に応じた楽しみを得ながら「無意識に、団欒の楽を取る」ことができる点にあった。また「競争心」「嫉妬心」を起こさない点も、「和気洋々たる家庭」を築くうえで有効である。このような理由から『婦女新聞』は、一家団欒を形成する方策として園芸を提案したのであった。江戸時代には朝顔の栽培が流行しまた盆栽が多くの人々に好まれているなど従来より園芸は身近な存在であったが、「西洋苺」「薔薇の花」などを自らの手で栽培することにはこれらとは異なり文明にふれるという魅力があった。また堺利彦が『家庭の新風味』で「わが手で作った瓜や茄子を人に送るとか、わが手で摘んだ苺を客にごちそうするとか、いろいろ楽しいこともある」と述べたように、[20]園芸は交際や社交の方途たり得るものでもあったのである。

『婦女新聞』は、第一四四〜一五〇号（明治三六年二月九日〜三月二三日）まで七回にわたり社説で「婦人と園芸」を連載した。その目的について『婦女新聞』は連載の第一回目で、「都会熱或は学問熱に浮かされ易き田舎生活の女子をして、失望に身を誤らしめざらんため、田園生活の趣味を知らしめ、成功の確なる一部の遊学者をして、他日家庭を作る際裨益する所あらしめんため、大に家庭の園芸を奨励せんとす」と述べている。『婦女新聞』が園芸について説き「田園生活の趣味」を知らしめることには、「成金」とよばれる人々が登場し「浮華軽佻」の語を以て危惧されていた世相の中で、地に足をつけた生き方をするよう読者を導くねらいがあった。

『婦女新聞』は、園芸により得られるものとして次の五項目をあげている。

園芸の利益をあぐれば左の如し。

一、博物学の智識を与ふ
二、美的思想を涵養す
三、健康に益あり
四、家庭の娯楽として適当なり
五、自治勤勉等の諸徳を教ふ[21]

それぞれの内容は連載の第二〜六回で具体的に述べられ、「博物学の智識あり、園芸の趣味あるものは、また自然界の賛美者なり[22]」「美的思想の涵養はやがて徳性の涵養となる[23]」「健康に大効あり[24]」「老も幼も、男も女も、同時に楽しむことを得べく、且その、一家団欒の機会を求めざるに与ふ[25]」「我が国民の欠点たる、殊に婦人に欠けたる、自治の精神を強からしめ、不知不識の間に、懶惰の人を勤勉ならしめ、横着心を入れ代へしむ[26]」ことが園芸の意義としてあげられている。『婦女新聞』は園芸を以て読者に「自治の精神」「勤勉」「健康」を培わせるとともに、都市の生活では接することが難しくなりつつある自然への関心を喚起し、「徳性の涵養」を図らんとしていたのであった。

特に土にふれる作業から精神的な陶治を得ることへの期待は大きく、『婦女新聞』は次のように述べている。

彼等はこゝに自然の教師について、知らず識らず偉大な教育を受けるのであります。「蒔かぬ種は生へぬ」といふ諺の意義も、労働の神聖といふ事も、働いたら働いたゞけの報酬があるといふ事も、成長には時日の必要な事も、爪《ママ》の蔓には茄子のならぬ事も、其外数へたてたら、彼等が園芸の為めに覚る所の教訓は、まだ〳〵幾らもありませう[27]。

『婦女新聞』は、手塩にかけて花卉や蔬菜を栽培する経験を通して「働いたら働いたゞけの報酬がある」という労働の喜びを知ることにより勤勉さを身につけ、戊申詔書（明治四一年一〇月一三日）で「忠実業ニ服シ勤倹産ヲ治メ惟レ信惟レ義醇厚俗ヲ成シ華ヲ去リ実ニ就キ荒怠相誡メ自彊息マザルベシ」と謳われたような「忠実」「勤倹」を備えた女を育成せんとしたのである。それは次のような社会状況に応えようとするものであった。

戦外に勝つて国威の大に揚つたは喜ぶべきであるが、国家の基礎たるこの農村の頽廃をどうする、国家の将来を考ふるの士は、まづこの不真面目なる壮年男女を導いて、農村の力を復活せしめることに努めずばなるまい。

（中略）

我が婦人が真に農芸の事に興味を有するに至つたならば、今の田園の頽廃を救ひ、国産を豊ならしめ得るばかりでなく、其の粒々辛苦の経験は、やがて現時の悪風潮なる華美、虚飾、浮薄なる俗を改めて、真率、勤勉、質素の国民たらしめるであらう[28]。

『婦女新聞』は読者に、園芸を通して「国家の基礎たるこの農村」のあり様に眼を開かせ、「農村の力を復活」するという「国家」が抱える問題に興味を持たせようとしていたのである。内務省地方局の有志が明治三三年よりヨーロッパの田園都市の視察を行った成果である『田園都市』（博文館　明治四〇年）で、「我邦の都市農村は、其形より言えば、夙に泰西人士の唱導せる田園都市、花園農村に比して寧ろ優れることありとも、決して劣る所なきを見るべし」と述べられたように、[29]農村は自然の美しさが讃美されるのみで農業生産の不振や都市に人口が流出する「向都離村」の風潮により疲弊している現状は看過されていた。[30]特に日露戦争への出征に加え軍馬が徴発されたことにより農村の労働力が減少し貧困を招いていたが、勤勉が説かれるのみで解決が図られていないのが現実であった。また農業という労働は、自然とともに生きるため収穫が得られないことも稀ではなく、それが労働意欲を喪失させ農村の荒廃を招く原因となっていたのであるが、この点がとりあげられることもほとんどなかった。そこで『婦女新聞』は、園芸により農業という労働を擬似体験させてこのような農村の痛みを読者に理解させて徒な農村讃美を戒め、勤労を経験させることにより「浮草軽佻」とよばれる風潮を改めようとしたのであった。

なお従来より女の言動の規範とされてきた「女大学」では、「勤勉」については説かれているが「健康」「自治」に関する記述はみられない。特に「総じて婦人の道は、人に従うにあり」「愚かなる故に、何事も我が身を謙りて夫に従うべし」という内容は「自治」と相反する。[31]しかし家庭を担うということは家庭の中で「自治」を行うことであるため、女はその手腕を身につけることが求められていたのであった。一方「健康」は、文明化の中で論じられた「衛生」という概念の影響を受ける中で農村の自然の恵みに眼を向けさせようとするものである。

『婦女新聞』がとりあげた内容は、花卉や蔬菜の栽培だけでなく養鶏・養蚕など多岐にわたっている。花卉では朝顔・雛菊・カーネーションなど、古来より日本にある花から明治以降日本にもたらされた洋花までさまざまな種類がとりあげられた。一方蔬菜では、苺・トマトなどのいわゆる西洋野菜が多く紹介されている。その理由は、神田喜三郎編『西洋野菜の作り方と食べ方』（日本園芸研究会　明治三八年）で「西洋野菜の多くは、極く作り易いもので、殆んど年中何時蒔いても、何時植えても良く出来る、素人向きのものが多い」と述べられたように、[32]西洋野菜の方が栽培が簡便であると考えられていたことにあった。また大根やごぼうなどの根菜類よりも、成長過程を目の当たりにできるトマトや苺などを栽培する方が楽しみが多いということもあろう。『婦女新聞』は種の蒔き方、間引き・植え替えの方法や肥料・水のやり方などを説明し、手引書としての役割を担った。また養鶏については、えさの作り方や「雛は母鶏と共に放飼なれば健康上大変よき訳なれど、小さき中は犬、猫、鳶抔に取られ易き故、鳥籠に伏せ日当りよき温《ママ》かき場所に置くべし」といった基本的な注意事項を述べて[33]実践を促している。その他『婦女新聞』では、播種に適する花卉や蔬菜を季節毎にあげ、園芸店を紹介して種苗の頒布に関する情報を掲載する欄も設けた。また害虫駆除の方法やデンプンなどの加工品の作り方についても解説した。そして園芸の普及を図るために、「婦人と農芸」の連載期間中（第三五一号　明治四〇年一月二八日～第三五八号　明治四〇年三月一八日　全六回）は千部増刷したのである。

なお都市の暮らしにおいては、園芸を行う場所を確保することが大きな問題となる。そこで『婦女新聞』は、家庭で園芸を実践する方法として静岡県の織田利三郎が考案したとされる「一坪農業」を紹介した。その内容は次のようである。

> 一坪農業とは、各家庭に於て、愛児の為め僅に一坪の地積を与へ、之に種々の作物、例へば、春ならば胡瓜、茄子、糸瓜、唐辛子、生姜、菜豆の如き、秋ならば宮重大根、近江蕪、白菜、三河島菜の如き、極めて作り易く且家庭の需要多き種類を栽培せしむるものにして、小学校に於ける農業科の家庭実習法として最も適当なり
>
> （中略）
>
> 栽培したる作物は（中略）家庭に於て時価に買ひあげ、之を児童の貯金となさしむ、児童は之によりて、勤勉の美風と、農業の趣味と、労働の快味と、貯蓄の興味とを併せ得ん[34]

一坪農業は家庭で子どもに園芸を実践させるために提案されたもので、収穫物を食卓にあげて共に食し、それについて話り合うことにより一家団欒を生むことが期待されたのである。なお柳田国男は『大日本農会報』で、同様の方

法を「窓園芸、物干場園芸」と名づけて紹介している[35]。

そして『婦女新聞』は、園芸に関する記事を掲載するだけでなく、明治三八年四月には婦人農芸会（明治三九年九月に大日本婦人農芸会と改称）を結成し機関誌『田園婦人』を刊行するという活動を展開した。婦人農芸会は「農芸的思想を普及し且之が実行の便宜を図らんとする」ことを目的とし[36]、婦人農芸講習会（明治三九年に婦人園芸講習会と改称）も開催された。『婦女新聞』はその活動を詳細に報告して『婦女新聞』の読者に内容を共有させ、「自治」「勤勉」「健康」を備えた女を育成するとともに、「田園生活の趣味」を理解することを通して社会が抱える問題に目を向けさせようとしたのである。

第三節　「生活難」の中で

女が働くということ

日露戦争が終結した明治三八年は、不景気に加えて天明の大飢饉に喩えられるほどの凶作であった。その上現金収入を求めて都市へ流入した農村の人々が仕事を得られず結局は失業者と化したため、都市の貧困や失業などの問題がさらに悪化していた。『婦女新聞』が「『生活難』の大敵は、今やわが家々の台所に侵入せり。（中略）事情の許す婦人は、何の内職にても、何の副業にても可なり、進んで積極的勤労に服するを要す」と述べたようにこのような社会状況は「生活難」とよばれ[37]、女に生活の糧を得るという働きを求めるようになっていたのである。また戦争で一家の働き手を失ったため、生計を立てるために働かなければならない女も多くなっていた。

このような中で『婦女新聞』は、生活の糧を得るという女の働きを次のように意義づけたのである。

労働は神聖なりといふ語は、既に人々の耳に熟すれども、この思想は、未だ人々の心に徹底せず、遊んで暮らすを上品なりとし、働くことを賤しとして恥づる悪弊の、今も尚一般社会に脱せざるは、憂ふべく、亦嘆ずべき極みなり。

（中略）

内職豈恥づべき事ならんや、吾等は、生活難の大勢に対する当面の救済法として事情の許し境遇の許す凡ての婦人に向ひ熱心之を奨励する

（中略）

内職はまづ金銭の貴重なることを知らしむ。

（中略）

婦人の内職はまた、良人をして後顧の憂なく、充分の活動を試みしむ。

（中略）

職業は人の品性を作るといふ語の如く、内職は、婦人をして恒心を保たしめ、時間を重んぜしめ、勤勉ならしめ、正直ならしめ、虚栄虚飾の念を去つて真面目なる生活に入らしむ。

（中略）

わが婦人界が、労働を卑しみ内職を恥づる通弊を速に打破して、夫婦の共稼ぎを当然の任務と心得るにあらずんば、啻に生活難の苦患を脱し得ざるのみならず、婦人の地位はいつまでも高上《かうじやう》せず、虚飾虚栄の念に悩まされて、真の幸福なる生涯に入る望みは永久に絶ゆべきなり。其内職の種類の如きは問ふべきにあらず、職業に貴賤の別のなければなり。[38]

「生活難」の解消を阻んでいるのが「労働」を「賤しとして恥づる」という価値観にあると考えた『婦女新聞』

は、その「通弊を速に打破」することにより「生活難」の解消を図らんとしたのである。『婦女新聞』は、内職が生活の資をもたらすのみならず「勤勉」「正直」などを身につけ「人の品性を作る」こと、そして内職に従事して家計を補い家庭の担い手たる役割を全うすることが「婦人の地位」を向上させると説き、内職を促したのであった。

また明治四一年に掲載した社説「女子職業論」では、『婦女新聞』は職業に従事するという女の営みについて次のように述べている。

女子職業問題は（中略）必要に迫られて起り来れる大勢なること、断じて否定すべからず。必要の前には、善悪を論ずる暇なく、可否を問ふの余裕もなし。即ち、女子職業問題は、女子自身の為め或は社会の為め、よし慶すべからざる事なりとするも、避くる能はざる大勢の到来に外ならざるなり。

（中略）

女子の職業に就いては、今や其可否を討議すべき時にあらず、否なりと決しても尚就職すべき必要目前にあるなり。されば、如何なる職業が女子に最もよく適するかをまづ研究し、次に、就職しても尚よく女子の特性を保たしめんには、如何なる方法によるべきかを考ふるが、女子職業論の眼目たらざるべからず。(39)

ここで『婦女新聞』は「内職」に替わり「職業」の語を用いており、内職のみならず家庭の外へ出て職業に従事する女が増加していたことが分かる。『婦女新聞』は、女が生活のために職業に従事しなければならないことは「避くる能はざる大勢の到来」であるため「善悪」「可否」を問うべきではなく、なすべきことは女の適職や「就職しても尚よく女子の特性を保たしめん」方途を示すことであるとし、その任を担わんとしたのであった。その方策については、ここでは具体的に述べられていないが、「生活難」を解消するために女が職業に従事することを当然のこととしたのは大きな変化であり、特に都市で生活する者を支える規範となり得た。女が職業に従事することについては、従来は女が「イエ」から解放されるものと位置づけられ期待される婦人像である「良妻賢母」と相反するとされてきたが、(40)

女は職業に従事して生活の糧を得ることにより家庭の担い手という役割を全うすることが求められていたのである。

しかし、女が自らの腕を以て生活の糧を得るということは容易なことではないのが現実であった。万朝報記者の落合浪雄は、「女子諸君。諸君の勉強は生活の為めにすると。理想の為めにするとを問はず。願くは先づ職業を選で漸次に生活の根底を硬固ならしめよ」との思いを以て『女子職業案内』（大学館　明治三六年）を著し(41)、看護婦・教員など資格を要するもの（「第一類の職業」と分類）や官庁事務員・電話交換手・商品販売員など（第二類の職業）のほかに、裁縫師・刺繍師や茶道師匠・文学家など（第三類の職業）を女の職業としてあげている。落合によると、第一類・第二類の職業は月給一五～三〇円くらいであるが、「第三類の職業」である裁縫師では縮緬の小袖の縫い賃が九〇銭、銘仙婦人単衣物が五五銭、ハンカチや軍服の袖章などの刺繍は終日を費やしても三〇から五〇銭にしかならない(42)。また落合が「裁縫師なり又は仕立屋なりと許すには少くとも五ヶ年間は刻苦励精せねばならぬ」と述べたように(43)、女にとって日常的な営みである裁縫でさえも収入を得るものとなるには数年を要するのであった。

なお女に生活の糧を得るという働きが求められた背景には、次のような事情もあった。

現時我国の時局の如き、幸にして連戦連勝の好運に遇ひつゝありとはいへ、静かに内に顧りみなば、日々新聞紙によりてわれらに報告せらるゝ、表れたる事実のみにてもかの出征軍人遺族の困難等聞くも酸鼻なる話ありて、仮設必要物を割きても、扶助せざるべからざる必要あるかの如き感じを起さしむ

（中略）

出征軍人は国家の為に総ての人民の代表として、かく戦闘に出づべきものなれば、そが遺せる家族の扶助保護等をなすべきは国民一般の正当なる義務にして、毫も恩恵的の意義を含まず、受くる者も亦安んじて受くべき性質のものなりとはいへ、若しこれを受けずして生計を立て得る者と比較せば、いふまでもなく不幸といふべく仮設如何なる性質の救助なりとも、他人の助力を得て始《ママ》めて飢渇を凌ぐ事は、決して心あるもの、甘んじ得らるゝも

のにあらず、有形の物こそ得べけれ、無形に於ては却て失へる所ある思ひをもすべし。[44]

日露戦時下における「出征軍人遺族の困難等聞くも酸鼻なる話」について、『平民新聞』は「子を殺して召集に応ぜんとす」「兵士の妻乞食となる」などの例を報じている。[45] このような悲劇を生んだ原因は、「他人の助力を得て始めて飢渇を凌ぐ事は、決して心あるもの丶甘んじ得らる丶ものにあらず」という考え方にあった。「無形に於ては却て失へる所ある」とは、共同体の中で一人前に扱われなくなることをさす。農村では隣保互助組織が形成されていたが、「扶助保護」を受けることは「心あるもの」のなすべきことではないと考えられていたため、出征軍人の家族や遺族は共同体の中で居場所を確保するべく生活の資を得なければならないのであった。

また嘉悦孝子は、私立女子商業学校を開校した理由について「其家の能く栄えて行きますのは、つまり一家の主婦の良否に関するのであります。而して主婦の良否は、其当人が一家経営の技能の如何、即ち経済思想の有無に関するのでございます。治国平天下の第一義は、一家主婦の経済思想の豊富なるに帰します」と述べている。[46]「経済思想」に長じることが秀逸な主婦たるに不可欠で、それが「治国」の基礎であると考えたことが嘉悦が同校を開校した理由であった。また嘉悦康人は『嘉悦孝子伝』（嘉悦学園　平成七年）で、嘉悦の祖母勢代が「熊本実学連の三婆さん」の一人と言われたほどでありながら家計のきりもりの手腕を備えていない様をみて育った経験を、嘉悦が「経済思想」を重要視した理由としてあげている。[47] 嘉悦は、「治国平天下」を支える「経済思想」を身につけることが従来とは異なる有為さを発揮する女となる具体的な方途であるととらえ、そのような女を育成することを自らの使命としたのであった。

なお福沢諭吉は「女大学評論」（明治三二年）で、「経済」の重要性を次のように述べている。

「人の妻たる者が、能く家を保ち、万事倹やかにして費えを作す可からず。衣服・飲食なども身の分限に随って奢ること勿れ」と云う、人生家に居るの法にして甚だ宜し、大に賛成する所なれども、我輩は今一歩を進め、婦人をして経済会計の主義技術を知らしめんことを祈る者なり。（中略）女子が家に在るとき、父母の教えその宜しきを得ず、文字・遊芸などは稽古させても経済の事をば教えもせず、言い聞かせもせず、態と知らせぬように育てたる其の報いは、女子をして家の経済に迂濶ならしめ、生涯夢中の不幸に陥れたるものと云う可し。左れば、今日人事繁多の世の中に一家を保たんとするには、仮令直ちに実業経営の衝に当たらざるも、其の営業渡世法の大体を心得て、家計の方針を明らかにしその真面目を知るは、家の貧富貴賤を問わず婦人の身に必要の事なり(48)

福沢は、「今日人事繁多の世の中」においては「家計の方針」「営業渡世法の大体」をふまえて「一家を保」つことが必要であると説き、節倹のみが求められた従来の女とは異なる役割を示している。「女子をして家の経済に迂闊ならしめ」るという従来の教育は、女に家計に関する権限を与えないということのほかに「経済の事」に関わることを卑しいとする考え方が原因であるが、この考えを改め「経済会計の主義技術」に長じることは女が家庭の担い手という役割を全うするうえで不可欠なのであった。

開拓地北海道における女の働き

生活の糧を得るという働きが求められていた中で、女はその役割をどのように全うしたのだろうか。ここでは北海道庁が発行した『北海道婦女善行録』（大正六年）を資料としてこの問題についてみていく。同書は北海道庁立各高等女学校の校友会が中心となって「本道婦女の美譚」を集めたもので(49)、開拓地北海道で生活の資を得て家庭を担うという女の営みの具体例を知ることができる。

香川県に生まれ明治二四年に結婚した林田トキは、農事を怠り賭博を好む夫を正すべく明治三一年六月に夫とともに渡道した。当初夫は勤勉であったが、やがて「再び其の本心を失ひて日夜酒食賭博に耽溺し、苦心になれる貯蓄をも蕩尽し、遂には不義理の借財をさへ重ねて、部落の信用を失ひ、村内に居堪へずして、明治三十四年妻子を捨て、失踪」してしまった(50)。姑は「汝が日頃の孝養を受くる我が身は有難けれど、行末何の見込とてもなき汝が生涯ぞいたはしき、我が身は親戚を便《ママ》りて余生を託せんやうもあれば汝は良縁を求めて前途に望ある生涯を送れよ」と諭したが、林田は「『女ながらも夫に代りて一家の維持に尽さんこそ本望なれ』とてうけいるゝ色も見えざり」という返答であった(51)。その後の林田について、同書は次のように述べている。

> トキは益々農事に努むると共に孝養を励み、又公義慈善に対して尽くすべきの事は未だ會て怠らず。即ち村内の共同事業の如きは、自ら卒先出役して其の義務を果し、小作料及び納税等未だ一度も期日を失したることなし。かくてよく内外の事に処して、倦怠なく、十有余年の久しき、貞操苦節を守り、常人の堪へ難き辛苦困難に堪へ、尠からざる夫の負債を償却して、多少の蓄財をさへなすに至り、現に一家七十三歳の養母と、二十歳を頭に二女一男の四人相和楽して、極めて円満なる生活をなし、且つ其の児女も小学校に於ける成績良好にして、模範児童を以て目せらるゝに至れり(52)

林田は、女手一つで「他に生計の資を仰ぐことなく」生活を賄い「小作料及び納税等」をきちんと納めるのみならず、「村内の共同事業」への「義務」や「公義慈善に対して尽くすべきの事」をも遂行することにより、「一家の維持」という役割を全うしたのである。特に「尠からざる夫の負債を償却」することは、「部落の信用」を回復し「一家」が共同体の中で生きていくうえで欠かせないことであった。林田は姑に対して「夫に代りて一家の維持に尽さん」と家庭の担い手としての思いを語っているが、生活の糧を得るという営みの中で姑への孝養や子どもの教育に配慮することは夫以上の働きをなすことである。表彰状には「公私ノ義務ヲ怠ラザル」ことが「他ノ亀鑑」になると記されており、家庭の中だけでなく共同体においても「一家の維持」という役割を果たしたことが評価された(53)。

また生計を立てるための女の働きの具体例として、全身不随の夫を持つ小川ムメノが次のように描かれている。

老母及び幼稚なる子女四人の糊口と夫の治療は、一にムメノの繊手に待たざるべからざるに至りぬ。ムメノは胸中深く決する所あり、自ら一家を扶持せんことを誓ひ、婦女の農事日雇にては、到底一家の困窮を救ふに足らざるを知り、野菜行商を思ひ立ち、夙夜野菜を鬻ぎて家計に勤労せしが、既に傾きたる家運は容易に挽回すべくもあらず（中略）明治四十四年一月、幸に隣保の同情に依りて無尽講を起し、漸く資金を得て魚行商を営み、櫛風沐雨一途に業務を励める余暇には、只管老母児女を相手に聊の土地を耕し、其の播種収穫の如きは、殆ど夜業を以てし、尚且つ病夫の看護を怠らず、常に其の儲の内より病者の嗜好品を求めて侑むる等、慰撫介抱懇切を極め、一面又老母に事へて恭敬孝順至らざるなく(54)

小川が「婦女の農事日雇」に替わり「野菜行商」「魚行商」に取り組んだのは、「老母及び幼稚なる子女四人の糊口と夫の治療」を自らの手で「扶持」せんとの思いによる。重い商品を担いで家々を回り行商を営むことは体力的に厳しいのみならず羞恥心を伴うため、小川のこの行動力は「自ら一家を扶持せん」ことへの決意の強さを物語るものに他ならない。またより多くの収入を得られるように「無尽講」を活用するなど工夫したことは、小川の聡明さとして賞されるべき点であった。表彰文には「困苦欠乏ニ堪ヘテ一家ノ生計ヲ保持シ子女ノ教養ヲ怠ラザルモノ洵ニ他ノ亀鑑トナスニ足ル」と述べられ(55)、「一家ノ生計ヲ保持」するためのさまざまな工夫が評価されている。

『北海道婦女善行録』が、生活の糧を得るために労働し家計を賄う中で子どもの教育や家族への配慮を看過せず家庭の担い手という役割を遂行したことを「善行」と表彰したように、このような「婦女」が理想とされていたのである。また「一家の維持」「一家を扶持」という表現にみられるように、家庭の担い手という役割は「イエ」を守るという従来からの意識に基づいて理解・実践されていたのであった。

一方、一四歳で髪結いとなり、結婚三年後に脊髄炎により全身不随となった夫を支えながら働く国井アサの例は、職を持つ女の理想像を示している。

アサは髪結業に従ふや、天稟の妙技に加ふるに自ら其の研磨につとめ、毎年一回出京して業務に関する時好を究め、且つ熱心親切に其の業に従事せしかば、得意先の信用も厚く、家計も今は裕かにて、同業者中よりも重んぜらるゝに至りしかども、常に謙遜寡言にして毫も驕慢の態なし。殊に薄野遊廓を得意先として出入すること、二十年の久しきに亘れるに拘らず、毫も淫靡浮華の悪風に染むことなく、却て身を以て其の接するところを徳化し（中略）兎角同業者中にありがちの悪評を聞くことなく、現に其の徒弟等の為時々僧侶を聘し、修身講話をなさしめつゝありといふ。[56]

女が職業に従事するにあたり最も懸念されていたのは、「淫靡浮華の悪風に染むこと」であった。しかし国井は、髪結いとして薄野遊廓に職を得ながら「謙遜寡言」の姿勢を貫くのみならず「却て身を以て其の接するところを徳化」し、また「修身講話」に耳を傾け周囲にもそれを促したのである。一方「天稟の妙技」に驕ることなく年に一度上京して研鑽に励むその勤勉さは、男女を問わず多くの人が鑑とすべきものであった。表彰状には「少時ヨリ理髪業ニ従ヒ以テ家道ヲ興シ友愛ノ情同胞ニ洽ク好ンデ人ノ窮ヲ救ヘル等善行十年実ニ一日ノ如シ洵ニ奇特ニ付為其賞木杯一組下賜候事」と記されており、[57]「家道ヲ興」すという営みの中で「同胞」の「窮ヲ救」ったことが賞されている。

「生活難」とよばれる状況の中で社会の基礎たる家庭を築くためには、生活の糧を得るという女の働きが不可欠であった。そのため、生活の資を得るための女の営みが「善行」として表彰され、さらなる働きを促したのである。「女大学」で「縦夫の家貧賤なりとも、夫を怨むべからず。天よりわれにあたへ給へる家の貧は、我仕合の凶故なりとおもひ、一度嫁しては、其家を出ざるを、女の道とすること」と説かれたように、従来女は忍従と「万事倹やかにして、費を作すべからず。（中略）常に家の内に居て、猥りに外へ出ずべからず」という勤倹が求められるのみであった。[58]しかし支出を控えるだけでは家計が成り立たないのが現実である中、女は生活の糧を得るという働きをなしていたのである。そしてこのように女が生活の資を得て家庭の担い手という役割を全うすることは、女が「女大学」

の規範から脱却する契機となったのであった(59)。

註

(1) 塚本はま子『実践家政学講義』参文舎　明治三九年　八〜九頁。
(2) 井上輝子は「『女学』思想の形成と転回―女学雑誌社の思想的研究」（『東京大学新聞研究所紀要』第一七号　昭和四三年）で、巌本が「ホーム」における「和楽」の必要性を説いたことを、「従来の日本の家族における夫の恣意的行為と妻のこれに対する無言の屈従、姑・小姑の嫁に対する優位、親子同居に伴う陰微な人間関係などに、鋭い批判の矢を放」つものであったとしている。女が「一家族の女王」として「和楽団欒」の形成という新たな役割を担うことは、人間関係を「改良」する契機たり得た。
(3) 堺枯川「春風村舎の記」『大帝国』第一巻第一一号　明治三二年一一月二〇日。
(4) 堺利彦『家庭の新風味』内外出版協会　明治三四〜三五年（『新家庭論』講談社　昭和五四年　七頁）。
(5) 『新家庭論』一二三頁。
(6) 民友社編『家庭之和楽』（『家庭叢書』第一巻）民友社　明治二七年　九七頁。
(7) 坂本武人「徳富蘇峰の婦人論（上）」『キリスト教社会問題研究』第一八号　昭和四六年三月。
(8) 神野由紀は『趣味の誕生―百貨店がつくったテイスト』（勁草書房　平成六年）で、「趣味」には、①おもむき　②taste　③hobby の語義があり、明治四〇年前後に流行した「趣味」は、②taste に相当し「芸術一般に対する美意識という意味から、日常レベルでの好き嫌いの様々な感覚までを含む」としている（一三頁）。「家庭の趣味」とは、家庭の風儀や雰囲気をさすとともに、一家団欒を生み出す手段となる hobby をも含むと考える。
(9) 「百生活の意義」『女学世界』第四巻第一二号　明治三七年九月一五日。
(10) 「細民の生活」『女学世界』第四巻第一二号　明治三七年九月一五日。
(11) 『新家庭論』二一九頁。
(12) 羽仁もと子「半生を語る」『羽仁もと子著作集』第一四巻　婦人之友社　大正一五年（人間の記録44　日本図書センター　平成九年　二六頁）。
(13) 熊倉功夫「台所と食卓」『近代日本の生活と社会』放送大学教育振興会　平成元年　一〇七〜一〇九頁。

(14)「家庭の趣味を高めよ（社説）」『婦女新聞』第六号　明治三三年六月一八日。

(15)『女大学集』三二頁。

(16)堺利彦は『家庭の新風味』で「家庭の和楽」について述べるにあたり、「家庭における婦人まじりの宴会」を勧め、「散歩および出遊」を実現するために「細君の籠城主義」を解消する必要性を指摘するなど（二二五～二三〇頁）、「家庭の和楽」を実現するために女が変わらなければならないことを指摘した。一家団欒を生み出すためには、女が一家団欒の形成という自らの役割の重要性を認識するとともに、女も一家団欒を楽しもうとする気持ちを持つことが不可欠なのである。

(17)岸本柳子「大阪商家の家庭」『女学世界』第四巻第一二号　明治三七年九月一五日。

(18)富益良一『家庭園芸術』博文館　明治三八年　四頁。

(19)「婦人と園芸（五）（社説）」『婦女新聞』第一四八号　明治三六年三月九日。

(20)『新家庭論』二五三頁。

(21)「婦人と園芸（一）（社説）」『婦女新聞』第一四四号　明治三六年二月九日。

(22)「婦人と園芸（二）（社説）」『婦女新聞』第一四五号　明治三六年二月一六日。

(23)「婦人と園芸（三）（社説）」『婦女新聞』第一四六号　明治三六年二月二三日。

(24)「婦人と園芸（四）（社説）」『婦女新聞』第一四七号　明治三六年三月二日。

(25)「婦人と園芸（五）（社説）」『婦女新聞』第一四八号　明治三六年三月九日。

(26)「婦人と園芸（六）（社説）」『婦女新聞』第一四九号　明治三六年三月一六日。

(27)「婦人と農芸（六）」『婦女新聞』第三五八号　明治四〇年三月一八日。

(28)「婦人と農芸（社説）」『婦女新聞』第二五六号　明治三八年四月三日。

(29)内務省地方局有志編『田園都市』博文館　明治四〇年　三一五～三一六頁。

(30)東京帝国大学農科大学教授横井時敬は、農村が「田園」とよばれて美化される風潮について次のように述べている。

田園趣味を説く者は、先づ空気がよく、風光のよいことをいふ。成程人家の櫛比して居る都会に較ぶれば、山あり河あり、樹木あり水あり、風光のよい処は多い、けれども到処皆良いとは申されぬ。（中略）或は農業の楽しいことをいふ、曾て農事を知らぬ者を説くには、夫れでもよい。けれども農業者に向つては駄目である。（中略）田園は楽しいものであるといつても、決して通らない。

（「農村の娯楽問題（明治四一年一二月）」『横井時敬博士全集』第七巻　横井全集刊行会　大正一四年　七五頁）

(31)『女大学集』四〇～五八頁。

(32)「本書の編纂に就いて」より　神田喜四郎『西洋野菜の作り方と食べ方』日本園芸研究会　明治三八年。

(33)「雛の育て方（田園生活）」『婦女新聞』第二六〇号　明治三八年五月一日。

(34)「一坪農業（社説）」『婦女新聞』第五八四号　明治四四年七月二八日。

(35)柳田国男「都鄙問題に関する私見（承前）」『大日本農会報』第三〇九号　明治四〇年三月一五日。

(36)「婦人農芸会規約」『婦女新聞』第二六二号　明治三八年五月一五日。

(37)「『生活難』の大敵（社説）」『婦女新聞』第四二四号　明治四一年六月二二日。

(38)「婦人と内職（社説）」『婦女新聞』第三四五号　明治三九年一二月一七日。

(39)「女子職業論（社説）」『婦女新聞』第四一六号　明治四一年四月二七日。

(40)永原和子は「良妻賢母主義教育における『家』と職業」（『日本女性史』4　東京大学出版会　昭和五七年）で、「職業とは、狭義の実業技能に限らずひろく女性の自立の条件、いわば『家』に対置するものの意である」と位置づけ（一五一頁）、また日露戦後の不景気の中で女が生活の糧を得る途を求めるようになったことが「職業熱」と表現されたことに対して「単に経済的な必要からの家計補助のための出稼的就業ではなく、女性の家からの解放、自立への願望がこめられていたことを物語っている」と述べている（一六三頁）。しかし「経済的な必要からの家計補助のための出稼的就業」をしなければならないという現実や、女にその働きが期待されるようになったという時代状況をふまえたものではない。また「家計補助」のために労働することが自己実現を阻むと位置づけるのは早計である。女が職業に関心を持つようになった原因を生活のあり様に見出し、職業に従事するという営みの実態やそれをめぐる心情を読み取っていくことが必要である。

また村上信彦は『大正期の職業婦人』（ドメス出版　昭和五八年）で「近代的職業」の条件として、自己の意志で就業し転業・廃業が自由であること、公私の別が明確であることをあげ（四二頁）、それに対して女の職業は「国家的要請または資本の要請によって社会的につくりだされたもの」であり、「女が職につくのは生活のため、経済的理由のためで、女の解放とは無縁（中略）婦人解放運動の先駆現象などではありえない」と述べている（一九頁）。しかし国家や社会の要請に応えることや経済的理由から職業に従事した女の営みを評価すべきであると考える。

(41)「序」より　落合浪雄『女子職業案内』大学館　明治三六年。

(42)『女子職業案内』二七五～二八三頁。
(43)『女子職業案内』二七四頁。
(44)塚本はま子「戦時に於ける婦人自活の必要」『女学世界』第四巻第九号　明治三七年七月五日。
(45)『平民新聞』明治三七年二月二八日。
(46)嘉悦孝子『怒るな働け』洛陽堂　大正四年　六四頁。
(47)嘉悦康人『嘉悦孝子伝』嘉悦学園　平成七年　一五二～一五三頁。
(48)『女大学集』二三三～二三四頁。
(49)俵孫一「序」より　北海道庁立札幌・函館・小樽・旭川高等女学校校友会編『北海道婦女善行録』北海道庁　大正六年。
(50)『北海道婦女善行録』八四～八五頁。
(51)『北海道婦女善行録』八五頁。
(52)『北海道婦女善行録』八六頁。
(53)『北海道婦女善行録』八七頁。
(54)『北海道婦女善行録』八八～八九頁。
(55)『北海道婦女善行録』九一頁。
(56)『北海道婦女善行録』七九頁。
(57)『北海道婦女善行録』八〇頁。
(58)『女大学集』五〇頁。
(59)浮須婦紗は「『女大学』の評価について」(『学苑』第四三五号　昭和五一年)で、東亜協会編『女大学の研究』(弘道館　明治四三年)において、「科学的価値は少しも無い」「子供の教育に付て一向書いて居ない」「女大学が国家的道徳を説き示さぬ」などが「女大学」の欠点として指摘されていることをあげている。「女大学」の規範を乗り超えていくことが女が時代の子として生きるうえで不可避の課題である中、近代社会の基礎と位置づけられた家庭の担い手という役割を全うすることはその方策となるものであった。

第四章　女を描く――『女学世界』読者の営み

第一節　雑誌を読む女

雑誌への投稿・投書

松崎天民が『東京朝日新聞』に連載した「現代の女学生」（明治四四年三月二六日～五月一七日　全三五回）は女学生の実態を明らかにすることを目的としたもので、松崎は連載のうち九回にわたって女学生が購読する雑誌について述べている。松崎が雑誌に着目したのは、「或る人曰く『女学生の内面生活―思想の傾向を知らんとするには、平生読で居る新聞紙などよりも、愛読の雑誌、書籍などを仔細に点検する方が、却て其の真想《ママ》を捉へ得るものなり』」と述べたように[1]、雑誌が女学生の心情や日常の営みの実態を映し出すからであった。なお雑誌の読者は女学生だけではないため、雑誌は広く女の「真想《ママ》」を知る術となるものであったと言える。

雑誌には識者や記者による記事だけでなく、読者が和歌・短文などを応募しその甲乙を競うもの（賞品・賞金が与えられる場合もある）や、「読者倶楽部」などと称し読者のコミュニケーションの場となる投書欄が設けられていた。本書では前者に掲載されたものを投稿、後者を投書とよぶこととする。投稿や投書では読者が自らの考えを述べるのみならず複数の読者による議論も展開され、そこで提示される世界は読者にとって身近なものであった。

『女学世界』は第九巻第五号（明治四二年四月一日）より読者からの投書を掲載する「令嬢倶楽部」を設け、第九巻第九号（四二年七月一日）で「読者倶楽部」、第一〇巻第三号（四三年二月五日）で「誌友倶楽部」と名称を変更して第二三巻第五号（大正一二年五月一日）まで継続し、読者の紐帯としての役割を果たした（第一〇巻第八〜一三号　明治四三年六月一日〜一〇月一日は「読者倶楽部」、本文中では全て「誌友倶楽部」と表記する）。「誌友倶楽部」ははがきで応募することとされ、第九巻第一三号（明治四二年一〇月一日）の募集分までは一円以下の賞金が設けられていた。(2)

雑誌の投書欄は、その活字の大きさから「六号活字欄」などとよばれ、懐疑や揶揄の眼が向けられがちであった。投書欄には「諸姉様、私は本年より愛読者となりました、どうぞ御交際下さいまし、御差支のない方は御住所を御知らせ下さいましな」(3)と愛読者であることを示して文通相手を求める投書がしばしば掲載され、それに対し女を装って文通しようとする男の読者もいたことから、松崎も「誌上の交際は、やがて私信の往復となり、写真の贈答となり、訪問となり、散歩となり、遂に握手、接吻、私通、退校、妊娠となるの例、広い世間には無いとも限らず」と警鐘を鳴らしている。(4)またこのようなイメージを以てみられていた投書欄は、従来は虚構の世界ととらえられることが多かった。(5)しかし投書には短文ながら読者の境遇や考え方、日常の営みなどが自由に綴られているため、読者について知る有効な手だてとなるのである。さらに投稿は懸賞文として応募されたものであるためその文章は優れ内容も充実しており、読者についてさらに多くを知ることができる。

『女学世界』では、定期増刊号だけでなく通常号においても「才媛詞藻」欄で和歌や新体詩・消息文などの優劣が競われた。また第三巻第一号（明治三六年一月一日）より募集を行い、第三巻第二〜一三号（明治三六年二月五日〜一〇月五日）で九回にわたって掲載された「家庭日記」（二四字×四〇行を規定とする）のように、担当記者が「記者曰く到着の女学世界を読みて如何なる記事が尤も有益にして且つ趣味多かりしか記されたし」「記者曰く家庭日記に庖厨の事料理の事又物価の事なきは甚だ遺憾なり、庖厨は一家団欒の台なれば詳記して後日に残し、物価は時のあり様を知るの栞りとなるものなり」などと読者にさまざまな要求をする中で誌面作りがされ、(6)『女学世界』の読者の日常生活のあり様を読み取ることができるものもある。ここでは、『女学世界』への投稿や投書から、女は雑誌から何を得ようとしていたのか、またどのような女たらんとしていたのかを明らかにしていく。

読者の交流

まず、『女学世界』の読者の境遇についてみておこう。投書には筆名と併せて住んでいる場所が記されているものが多く、ここから全国に読者がいたことを知ることができる。「私はこんな山里に居ますから、友と智識を交換して楽しむと云ふ事は出来ませんで、本誌をよむのが何より好き」（三重山吹）(7)・「女学世界を唯一の友達として毎日々々愛読して居ます」（土佐宿毛町大黒きくぢ）(8)という投書は、地方に住み『女学世界』を拠りどころとしているという自己の存在を主張し、読者の中に友を得ようとするものである。

また「私は本年当地の女学校を卒業したものですが、いまは家庭にあつて女学世界を唯一の友として暮して居ります」(9)という読者がいる一方で、「私誠に御恥かしいのですが、小学校を出ましてから何所へも参らず、活花、茶の湯、琴、裁縫を稽古いたし、又家事を手伝ふて五六年も過し（中略）何とかして知識を得たいと雑誌なども色々見ますが其内でも女学世界が大々好きで七八年此方片時も手ばなした事がございません」(10)「妾も病身の為め女学校へ入学する機会をうしなひ、小学校を出まして後は宅にばかり居り、琴、活花、茶の湯を習ひ、此頃はヴアイオリンを稽古致しまして居りますが、お友達もなく淋しくて成りませんし又自分の無教育が恥かしく、何だか世間からふり残されて、しまつた様に思ふて悲しくて成りません」(11)という境遇の読者もみられる。ここでは「女学校」で学ぶ機会が得られなかったと述べられているが、「活花、茶の湯、琴、裁縫」などの稽古をしており、「女学校」へ行くことができなかったのは経済的な理由によるものではない。

このような境遇の女について、明治三二年に東京府立第二高等女学校に入学した青山菊栄は次のように述べている。

　小学校の同級生七、八十人のうち、女学校へいったのは十四、五人。商家の子供はその中に一人もまじらず、それは経済力の問題ではなくて、ものの考え方の問題でした。町の子は女学校なんかにいくものでない、と問題にしなかったので、町の子自身の頭にそういう差別観念がのこっていたのです。

「あれからじき、ほんのちょっとのちがいで妹たちは女学校にいったのに」

と今ではその人たちも残念がっていますが、商家では高等小学を出てお針や三味線のおけいこに通い、一年ほど見習い奉公にいってお嫁にいくのが普通でした。[12]

「ものの考え方の問題」により「女学校」へ行けないのは「商家の子」「町の子」だけでなく、多くの女に共通する境遇であった。このような中で『女学世界』は、「ほんのちょっとのちがい」で「女学校」へ行くことができず「世間からふり残されて、しまつた」女の、「何とかして知識を得たい」という思いを満たしたのである。『女学世界』には、「在学中の妹に送る文」「都にある妹の許に」などと題して「母上の苦心姉の希望を空しうせざる様、ひたすら念じ上げ参らせ候」という思いが述べられている消息文が掲載されており、[13]「ほんのちょっとのちがい」で「女学校」へ行くことができなかった歯がゆさをみることができる。『女学世界』の読者は、投書や投稿を介して「ほんのちょっとのちがい」に対する思いを共有することにより、その無力感を乗り超えていこうとしていたのであった。

　また「私は田舎者で何も知りませんから皆様にお伺ひいたします、紅茶とコ、アの飲用法を御存じの方は教へ下さいませんか」[14]「皆様のうちに斜視眼と云ふものおなほしになつた方はありませんか」[15]という質問や、「私は小学校に奉職致して居る者で御座いますが、児童に教へます、遊戯唱歌の材料に乏しくて誠にこまつて居ります、若しも皆様の中に尋常科の遊戯唱歌教授法の本が何処に売つて居りますか又価は何程ですか御存じの方が在りましたならばおそれ入りますが此誌上で御教へ下さいませ(16)」と職業上の悩みを解決しようとする投書も寄せられている。学校で学べない読者にとって、「誌友倶楽部」は互いの疑問を解決し合いさまざまな知識や情報を得る場であった。そして「誌友倶楽部」が職業に関する悩みを解決する場としてとらえられているように、『女学世界』の読者は互いに与える情報に信頼を寄せていたのである。

『女学世界』も、「誌友諸君の中に文筆に捷達し、兼て交際に趣味を持てる方にて婦人記者として活動せんと望まる、方あらば、面談の上月々相当の報酬にて御雇申したいとおもひますから、御希望の方は女学世界部S、Mまで御照会下さい(17)」という記者の募集を掲載している。「S、M」とは、『女学世界』の編集主任の松原岩五郎の筆名の一つである松原岫雲のことであると思われる。これ以前より『女学世界』では中村鈴子・菊池雪子ら婦人記者が活躍しており、『女学世界』は懸賞文を募集するのみならず「文筆」を自負する読者に記者という職業の途を拓いていたのであった。なお中村鈴子は、第三巻第九号（明治三六年七月五日）から連載した「貴婦人の嗜好」などをまとめた『名流百家庭の模範』を明治三八年に博文館から刊行している。

『女学世界』の読者の年齢についてであるが、「誌友倶楽部」をみると女学生から既婚者までいることが分かる。また「私の家は皆女学世界の愛読者でございますの母が一巻一号から愛読して、次に姉がいたして居りましたが、此頃では引きつゞき私が拝見して居ります(18)」と、母から娘へ順に購読者となっている例もみられる。『女学世界』には育児に関する記事が少ないことから、初等教育修了後から出産前くらいの世代の読者が多かったと推測され、そのため読者が姉から妹へ移っていったと思われる。

「誌友倶楽部」には『女学世界』やその他の書籍・雑誌の貸借や贈与に関する依頼が頻繁にみられ、誌面を超えた読者の交流があったことを示している。その内容は、「皆様誠にあつかましいお願ですが、女学世界増刊の心の日記第一回二回（筆者注・「心の日記」と「心の秘密」）二冊をお持ち遊ばしてる方がお在りなら、絵画講習録と申す本二冊と交換願ひ度う御座います[19]」「四月一日の本欄に昨年発行の嫁に行く人を御持ちの方は御恵み下さいませんか、御礼には他の婦人雑誌か、みにくいけれど私の写真を差上げ升[20]」と依頼し、お礼として自身の写真や居住地の名所の絵はがきを贈呈するというものが多い。そして「大阪市の政代様、早速『驚ろく手紙』御恵送下さいまして、有がたう御座います、御住所がわかりませんから、本欄で厚く御礼申します[21]」といった投書から、実際に雑誌の貸借や贈与が行われていたことが分かる。一方「小樽の千代子様、岡山のすみれ様、お二人共岩田小春様に『嫁ぐ人』（筆者注：定期増刊号「嫁に行く人」）を御送りあそばして、私も送りましたが、何とも御返事がありません物品をうけ取つて何の返事もないのは不都合ではありませんか[22]」という投書もみられ、雑誌の貸借はトラブルを伴うこともあったようである。なおここには、『女学世界』の読者同志として礼儀を尽くすべきとの考え方が表れている。

また「私は昨年中から、所々の絵葉書を集めて居ります、地理上の参考にも致したいと存じますから、御同志の御方は、名所絵葉書を下名の所まで御送り下さい、当地のものを御送り致します（筆者注：栃木県在住）[23]」といった絵葉書の交換を求めるものや、「私は各地方の方言を集めて居ます、御同志の方は下名まで御知らせ下さい（筆者注：愛知県在住）[24]」という投書もみられる。絵はがきは明治三八年頃から流行して雑誌の附録につけられることも多く、当初は軍人の肖像画や美人画が多かったが後に風景物もみられるようになった[25]。『女学世界』の読者は、全国各地に住む読者と絵はがきを交換したり方言を互いに教え合ったりすることにより『女学世界』で友を得たことを実感したのである。また居住地の絵はがきを互いに送り合って地方に住んでいる疎外感を紛らわせたのであった。

なお明治四二、三年頃の「誌友倶楽部」には、「皆さまの中で、黒色パンジーの種子お持ちの方がございましたら、交換を願ひます、私は大抵の珍らしい種子を持つて居ります[26]」「園芸種子をありがたう、私方よりお返し致しましたのはカクタス、ダリヤの一変種です（中略）日当り良き暖な処へお植ゑ置き遊ばせば本年八月頃にはキットお目を驚かせやうと存じます、尚園芸同好の諸姉様、朝顔の種子の交換をお願ひ致します[27]」といった園芸に関する投書が頻繁にみられる。女子教育機関では園芸を行っていたところが多く、[28]家庭でそれを行うことは女学校時代を懐かしむ行為であった。特に地方に住む『女学世界』の読者にとって、「朝顔」だけでなく「黒色パンジー」「カクタス、ダリヤ」など洋花の「珍しい種子」を入手し栽培することは文明にふれる機会でもあり、「誌友倶楽部」はその仲介という役割も担ったのである。

読者のくらしと『女学世界』

次に、『女学世界』の読者が日常生活の中でどのように『女学世界』を購読していたのかを、「家庭日記」を中心にみていく。京都府内で自宅から学校に通っている氷室浪子は、自らの生活を次のように描いている。

二月四日（中略）夜、お母さんの代筆で大阪の祖母様へ御手紙を上げる、妹みち子の被布を縫ひかける（中略）支出帳附けて寝る。

（中略）

二月六日（中略）女学世界が来たから急いで見たら、歌一首秀逸に選ばれてたのでお母さんと小兄さんに賞められる、

夜、女学世界家庭欄、庭のをしへ、だけ読むで、被布の縫ひかけたのを縫ふ[29]

氷室は、母のために手紙の代筆をしたり妹の被布を縫ったりと家事をよく手伝う女学生である。学校へ通いながら家事も手伝う氷室にとっては、裁縫にとりかかる前に「家庭欄、庭のをしへ、だけ読む」ことが一日の精一杯の読書量であった。「庭のをしへ」の執筆者である野中千代子は富士山の測候所で越冬をした野中至の夫人で、『女学世界』の「修身」欄に多く筆を執っていた。野中の記事を真っ先に読んだことから、氷室が『女学世界』に心の糧となるものを求める読者であったことが分かる。もっとも、投稿した和歌が掲載されているかどうかの確認は怠らない。この

ようにして氷室は、学業や家事の手伝いのかたわら毎日少しずつ『女学世界』を読んだのであった。

『女学世界』の定期購読者の元には、毎号郵便で『女学世界』が届けられた。『女学世界』の定価は一部二〇銭であるが、四冊（三カ月分）が七五銭、八冊（半年分）が一円四五銭、一六冊（一年分）が二円八〇銭という割引制度があり（他に郵便代が一冊につき二銭）、『女学世界』が読者を獲得するうえで大きな役割を担ったと思われる。読者の投稿や投書にも『女学世界』が「届いた」という表現を用いているものがみられ、定期購読者の存在を示している。しかし定期購読するほど『女学世界』に熱中する半面、『女学世界』を読む時間をなかなか捻出できないのが読者の日常生活の実状であった。そこで毎日少しずつ『女学世界』を読み進めるために、読者はどの記事から読むかという優先順位をつけることとなったのである。「才媛詞藻」欄などに投稿した者が採否の結果を真っ先に知りたいのは言うまでもないが、記事の中では博文館館員である大町桂月が筆を執った「婦女雑観」（第三巻第二〜一六号　明治三六年二月五日〜一二月五日　全九回）を最初に読むという読者が多かった。「婦女雑感」は女の言動について具体例をあげてその良否を論じたもので、大町のこの連載が好まれていたことから、『女学世界』の読者の多くが言動の規範となるものを求めていたことが分かる。また読者が読む記事に順番をつけていたように、『女学世界』は読者によって読まれ方が異なっていたのであった。

『女学世界』が届いた時の様子を、摂津に住む田中瑜嵯子は次のように描いている。

> 弟は。大きい姉ちゃん僕が持てゐる物なに当てゝ御覧なとにこ々笑ひながらはひつてくる見れば御本が三冊。女学世界に婦人界と閨秀文学。あまり沢山で何れをさきにと心まよひがする今読みたいがお居間の掃除もできてゐないし。御飯も未だ。夜分の楽しみに此まゝにして置きませう。
>
> 食後は母様と次の妹と三人長火鉢をかこんで朝来た雑志《ママ》のしなさだめ。それがすむと各居間へ引取て縫物に取りかゝる。(30)

『女学世界』だけでなく、『婦人界』（金港堂　明治三五年七月創刊）・『閨秀文学』（出版社・創刊年ともに不詳）も購読し、また家族が「各居間」を持っている田中は、経済的にゆとりがありまた比較的自由な境遇にあると言える。しかしその田中でも三冊の雑誌を読み耽る時間はなく、「夜分の楽しみに此ま丶にして置きませう」と『女学世界』を読みたい気持ちを抑えて「お居間の掃除」などの家事に日を過ごさなければならない。夜になると田中は「縫物」を始める前に母・妹の三人で雑誌を評し合う時間を持っており、『女学世界』は団欒を生み出す役割をも果したのである。そしてこのように「夜分の楽しみ」となることにより、『女学世界』はさらに魅力を増すのであった。

小石川に住むすみ子は、『女学世界』を読むことを心待ちにして一日を送る様子を次のように描いている。

女学世界まゐるいと嬉しき事かぎりなしされどいそぎの単物あればこ丶ろせかる丶をしひて縫ふつらさ兎角針もおくれがちなるいとをかし午後より料理会へまゐる（中略）夜になりて今日の献立しるしてそれからゆるゆる女学世界よむまづ才媛詞藻見る佳調なりとねがひし己が腰折うたまぐれ幸ひに秀逸に出らる丶かと思へばいと嬉しきこ丶ちす（中略）世にはかくばかり文才ある君たち多くおはし給ふもの哉と今更ながら己が無学なるをかなしみ且つうらやましき心地す(31)

すみ子は、届けられた『女学世界』に心を残しながら「いそぎの単物」を仕上げて「料理会」へ行かなければならない。夜になりようやく『女学世界』を手にしたすみ子は、まず「才媛詞藻」欄を開いて自身の作品が掲載されていることを確認し喜びを味わった。だがすみ子のまなざしは「文才ある君たち多くおはし給ふ」ことに向けられるため、すみ子は「己が無学」であることを知らされて「かなしみ且つうらやましき心地」を禁じ得ず、作品が掲載されたことを喜んでばかりもいられないのである。このように自身の作品と上位に入賞した作品とを比べて「世にはかくばかり文才ある君たち多くおはし給ふる」ことを知ることは、世間に眼を開く契機となるのであった。

また椿窓と称する読者は、『女学世界』の投稿者に対する思いを次のように述べている。

モー子供が出来、世帯の苦労でもする様になると、思想界は枯野となつて、想像の翼が重り、のんびりとして甘き夢路にさまよふ蜜の様な趣味はぬけて、只々現在現在と目前の俗務と首引きの姿

（中略）

夜雪子をねさせつけてほつと一息。安息日だから刺かけの足袋つぎもやめて、何か心を養ふ本でも見様としたが、ふと今日借りて来た「女学世界」に気がついた。先づ一等の後三年記（筆者注：第八巻第一五号に掲載された咲子「後三年日記」）、二等、三等と、続いて読んだが、いづれすぐれたる筆の香、其見上げたる眼識、只々ほと〳〵感に入つて、読み去り読み来つた。（中略）人は万事に於て己れを語るものだと、誰やらが言はれたが、高尚なる品性、円満なる性情より流れ出づるでなければ、どうしてたとへ筆がうまくても、言がたくみでも、かういふけだかい、うるはしい文の章をなすものではない。(32)

家事と育児に追われる椿窓は、「安息日」の夜のささやかな楽しみとして『女学世界』を繙いた。椿窓は入賞作品の「すぐれたる筆の香、其見上げたる眼識」に魅了されて「目前の俗務」の中でもこれらを失わない入賞者に敬意を表しており、日常の家事や育児を果たしながら「思想」「想像の翼」を持ち続けることが理想と考えられていたのであった。また椿窓が入賞作品の「すぐれたる筆の香」に執筆者の「高尚なる品性、円満なる性情」を見出したように、秀逸な作品は堅実な日常生活なくして生み出されるものではないと考えられていたのである。雑誌に投稿することは、文章を書く手腕を競うだけでなく人格の陶冶に資すると考えられており、椿窓が『女学世界』を「何か心を養ふ本」とよびそれを読むことを「安息日」の夜の営みとして位置づけた理由はここにあった。

「誌友倶楽部」には、「備中真子様の前号書簡文（一等）ほと〳〵感じました、何て優しいお方でせう、病み給ふ弟御様は御幸福ね(33)」「二月号の短文に『あゝお兄様』と云ふのをお出し遊したやす子様、私はあの文を拝見して思はず泪に咽びました(34)」などのように、投稿作品の魅力について語っているものが多くみられる。このように『女学世界』

の読者が投稿の内容について意見を述べ合うことは、自らがいかにあるべきかを見出す手がかりとなるのである。そしてそれを議論し合うことにより、『女学世界』の読者としての絆を強めていったのであった。なお「読者倶楽部などへ御投稿遊ばす愛読諸姉の大部分が余り御心の程が浅墓なやうで私は口惜しく思はれてなりません」と述べ[35]、雑誌へ投書するという女の営みに批判的な眼が向けられていることへの注意を喚起し自重を促す投書もみられる。

　このように投稿や投書が活発に行われたことは、文章を書くという行為を身近なものとする効果をもたらした。「甲賞と頭書された短文を読んだ、読み終ると賞品を見た、今度は乙賞のをよんだ、又賞品をみた（中略）ふん是位の文なら私でもと思つたが、さて筆をとつてみるとなかなか書けん、始《ママ》じめて甲賞の甲賞たる価値がわかつた」とは[36]、懸賞文を読んで投稿を促された読者からの投書である。そして「さて筆をとつてみるとなかなか書けん」という実感が懸賞文の入賞者に対する敬意や憧憬を抱かせ、さらなる投稿を促すのであった。

　日記を書いているという読者も多く、「私は半紙に毛筆で日記を書きます、私は一つには字の稽古かた〴〵書きますから、これがよいやうです」[37]「私はペン、筆、鉛筆、皆使ひますの、そしてペンの時は口語体、鉛筆の時は美文的に、夫から筆の時はもう〳〵悲しい他人にはいわれない悲しい思ひの胸に一杯の時、一人さめ〴〵と泣きながらその悲しみを書きつゞるのですの」[38]という投書がみられる。書く内容によって筆記用具を使い分けることは、文章を書くという行為に対するこだわりを物語っており、投稿や投書を促した要因であった。

　なお文章を書くという営みが身近なものとなった一因として、大塚楠緒子や三宅（田辺）花圃ら明治二〇年代に閨秀作家とよばれた女が、この頃になると小説のほかに随筆も執筆するようになり、その中で妻・母としての顔を描くようになったことがあげられる。大塚楠緒子は、日常生活の様子を次のように描いている。

　三時になると、子供が学校から帰宅つて来る、帰つて来る時分に煮えるやうにと、時刻を量つて、火鉢に鍋をかけて栗を煮る、栗を煮ながら食台へ帳面を置いて、例の小説の書きかけを考へる。

（中略）

一行描いた時、乳母と使に往つたすみ子が帰つて来る、此子が帰つて来たら、もう最終だ、鉛筆を見たら必定呉れろといふ、鉛筆を遣ると帳面も呉れろといふ、遣つたら夫れこそ、帳面の上は縺れた蜘蛛の巣の様なものが出来て、小説も何も滅茶苦茶になるから帳面と鉛筆を早速隠して仕舞つて、花咲爺の本を出して話を為て遣る。(39)

東京帝国大学教授大塚保治の妻で、『東京朝日新聞』に「空薫」を連載して小説家として確固たる地位を築いていた大塚でさえも小説を書く場所は「食台」で、子どものおやつにする栗の煮え具合に気を配りながらの執筆であった。また大塚は乳母を雇っているが、子どもが家にいると自分の時間がないというのは多くの女に共通する問題で、大塚も例外ではない。閨秀作家とよばれた女が年齢を重ねてこのような日常の姿を描くようになったことは作家としての魅力を増し、家事や育児に忙殺されながらも筆を執り続ける姿を示したことは、文章を綴るという営みの魅力を読者に知らしめ投稿を促したのであった。

「新しい女」への眼

明治四四年九月に『青鞜』が創刊され「新しい女」が話題にのぼる中で、『女学世界』にも『青鞜』や「新しい女」に関する記事や投稿・投書がみられるようになった。(40)「新しい女」の代表的存在とされた平塚らいてうについて、あざみと称する読者は次のように述べている。

女を木偶の坊のやうな状態や、奴隷のやうな境遇から脱しさせやうとの荒い鼻息には、同性たるもの感謝をせずには居られますまい。けれどそこに迷惑もあるんです、お互ひに文学中毒、貴女も文学中毒なら、ノラやマグダにかぶれたのなら、妾も文学中毒、八百屋お七なんてのが馬鹿に美しく見えて、それに左右せられるんです。

（中略）

いたづらに男子を摸した貴女を亦摸して、自由の大洋に嬉しまぎれに浮び出たのはようございますが、大波にひつくりかへされて沈んだ舟が何艘、恐ろしさに途中から引きかへしたのが何艘、結局在来の真理を證明した許り、男子の嘲笑を買つた許りではありませんか。(41)

あざみが「新しい女」に関心を抱いたのは、「お互ひに文学中毒」だからである。「妾も文学中毒」であると自認するあざみは「ノラやマグダ」が女に対して放つ魅力を理解し、平塚が女の眼を開かせたことに感謝を述べた。しかし「文学」を以て「女を木偶の坊のやうな状態や、奴隷のやうな境遇」から導き出すことを「文学中毒」の使命と考えるあざみにとって、吉原への登楼や五色の酒事件などにより「男子の嘲笑を買」った「新しい女」は、女を導くという役割を担い得ていないのみならず「文学中毒」に対する批判をさらに高めたため、「迷惑」とよんだのである。

また瀧夜叉と称する読者は、「新しい女」に対し次のように述べている。

現代の要求する誠の新らしい女は、御酒を飲んで口角泡を飛ばす御連中では無く、女大学にて幽閉された青ざめた、いぢけた女でもなく、活気の有る才、それぞれ表は柳の様になよ〳〵と内には床しい梅の香の人東西の事情に委しく而も何処までも大和をとめの美点を失はず外見は優《しと》やかに心はぴんと、ポーでもキーツでも耽読結構然し何もそれを振りまはすにも当りますまい。たゞ虚名に憧がれ世間受のする日常生活に満足する、そんな意義の無い薄ぺらな行では女と生れた栄誉を汚します。(42)

「大和をとめの美点」を重視する瀧夜叉であったが、「新しい女」の登場により、「大和をとめ」が「女大学にて幽閉された青ざめた、いぢけた女」という短所を備えていると知った。そこで瀧夜叉は、「大和をとめの美点」である謙虚な外見や言動に、「新しい女」に劣らず「心はぴんと」した気丈さを備え、「東西の事情に委し」「ポーでもキーツでも耽読」という豊かな教養を持つ女を「現代の要求する誠の新らしい女」とよび、理想としたのである。

なおあざみ・瀧夜叉といった筆名は、このように感謝や共感を持ちながら「新しい女」を批判することに対する後ろめたさが表れたものであると言えよう。『女学世界』の読者は、『青鞜』で筆を執る女の長所に学びながらその欠点については厳しく批判し、『青鞜』とは異なるタイプの雑誌の読者・文章を書く女たらんとしていた。『女学世界』読者の自らの筆を以て女を描くという営みは、このような思いに支えられていたのである。

第二節　「寄書」に込めた思い

「寄書家」とは

『女学世界』では、懸賞文などで入賞の実績を重ねた者に作品を掲載する機会を与え、「寄書家」と称していた。同様の制度は『文章世界』『女子文壇』など他の雑誌にもみられ、投稿に挑む読者の意欲を喚起する役割を担った。『女学世界』で活躍した寄書家の中で特に人気が高かったのが、後に小説家として『春雨』（京橋堂出版部　大正七年）・『毒蛇』（三徳社　大正八年）などを著した内藤千代子や、定期増刊号「嫁に行く人」に応募した「私の縁談」が第一等を受賞し、その後枕草子や徒然草を擬した「今様枕草子」「新徒然草」などの連載で婦人論を展開した磯千鳥（大正六年一〇月八日没　享年二九）である。磯千鳥は本名を一宮栄誠といい、京都帝国大学文学部英文科の学生であった（明治四五年七月に卒業）[43]。『女学世界』に掲載された磯千鳥の作品は[44]、三高時代の恩師である厨川白村によって『趣味の文殻』と題し大正七年に博文館より出版された。また磯千鳥は、大正四年に厨川とともに『メリメエ傑作集』（大日本図書）を刊行している。

その他花散里・桃割式部などの筆名を用いた上原綾子（『女学世界』に掲載された作品を大正三年七月に遺稿集『ひなげしの花』として刊行、内藤が序文を執筆）や、清水玉露（後に『新真婦人』に参加[45]）・野菊（野菊女・野菊子）と称する寄書家が多彩な魅力を発揮した。上原は娘の華やかな暮らしぶりを描いたことが特徴的な寄書家で、花散里・桃割式部という筆名には、「桃割」という外見でありながら紫式部のような才知を内に秘めていることへの自負心と野心が表れている。また野菊という筆名は『女学世界』に限らず多く用いられており、「すがたやさしの野の小菊」などと謳われたように、(46)優しさや慎ましさをイメージさせる。一方玉露は主婦としての不満を綴ったことが特徴的で玉露という筆名にそのプライドの高さを読み取ることができるが、共感を寄せる『女学世界』の読者は多かった。『女学世界』の読者にとって、「誌友倶楽部」で寄書家の作品の魅力について語り合うことは『女学世界』の読者たることの魅力の一つであり、同じ雑誌を購読する読者という身近な存在である寄書家を敬慕し、寄書家が描き出す世界に共感をよせたのである。

明治四〇年代から大正期にかけて『女学世界』で最大の人気を誇った寄書家である内藤千代子は、鵠沼で裁縫塾に通いながら『女学世界』へ投稿を続けて注目を集めるようになり、寄書家としての地位を手にし後に小説家となった人物である。(47)当時最も隆盛を誇っていた婦人雑誌の一つである『女学世界』の寄書家として名を馳せることは、広く青年に知られることを意味した。(48)その後内藤は、大正元年一一月には『大阪毎日新聞』の連載で尾竹紅吉とともにとりあげられて「謎の少女」とよばれ（一七〜二六日　全九回）、(49)さらに広く知られることとなったのである。(50)

大正三年一〇月に出版された内藤の『生ひ立ちの記』（牧民社）は『女学世界』の連載に加筆・修正して出版されたもので（第一四巻第一〜九号　大正三年一月一日〜七月一日　全五回）、(51)『女学世界』への投稿の背景を知ることができる。『女学世界』で寄書家として活躍していた内藤は、『中学世界』記者の河岡潮風に見出されて『女学世界』に掲載された作品を集めた『スヰートホーム』を明治四四年九月に出版し、(52)同年一二月には初の書き下ろしである『ホネームーン』を刊行した。(53)これらは『女学世界』における内藤の人気に支えられたものであるが、自叙伝としての性質を備えた『生ひ立ちの記』の刊行は、内藤が『女学世界』の寄書家として節目を迎えていたことを意味している。また

『生ひ立ちの記』が博文館以外の出版社から刊行されたことから、内藤が小説家として認められるようになっていたことが分かる。その後内藤は、『女学世界』へ執筆するかたわら、肺結核と闘いながら『惜春譜』（牧民社　大正四年）・『冷炎』（京橋堂　大正五年）などの小説を世に送ったのであった。

ここでは、『生ひ立ちの記』を中心に『女学世界』における内藤の軌跡を追いながら、雑誌へ投稿するという営みがどのような意味を持つものであったのかを明らかにしていく。

雑誌への関心

まず、内藤が雑誌への投書に興味を持つようになった背景についてみていく。東京で生まれた内藤は、四歳の時に家族で鵠沼へ引っ越した。象牙彫職人をしていた父親の病気（結核）療養のためと考えられる。息子三人を既に病気で亡くしていた内藤の父は娘を学校に通わせず自ら漢籍の素読や手習いを教え[54]、内藤は父の秘蔵っ子として育った。『生ひ立ちの記』によると、内藤の父親は会津の藩校（日新館）で学んだ後象牙彫の職人となった人物で、その教え方は「早くに別れる故だつたでせうか、父は無暗と前途を急いで、理解も出来ぬ私の頭脳にいろ〳〵な事を詰め込まうとする。（中略）負担に堪へぬ私は、そろ〳〵とこの家庭教育を苦痛なものと呪ふやうになつた。のんきさうに学校へ通ふ少女達が羨しくつてたまりませんでした」という気持ちを内藤に抱かせるほど厳しいものであった[55]。一方内藤は他の少女と同様に学校へ行きたいという気持ちを抱いていたが両親に伝えることができず、「袴とリボンとお被布とは、私にとつて長い〳〵間の片恋でございましたが…かうして心のうちは燃ゆる様な不平や嫉妬や羨望やの念に駆られながらも…、何一つ口に出しては云ひ得もせず、悲しいあきらめ」を秘めた少女に成長したのである[56]。後に内藤が男女学生を華やかに描いた背景には、幼い頃の学校への憧れがあった。

内藤は『少女界』（金港堂書店）を創刊号（明治三五年四月、内藤満八歳）から愛読しており、『少女界』は父から教わる漢籍の素読などの学問とは異なる世界を内藤に教えた。雑誌への投書に興味を持つようになった理由を、内藤は『生ひ立ちの記』で次のように述べている。

　父の碁敵の小野さんといふお家に、吟子さんて十七ばかりの綺麗なお嬢さんがありました。しとやかな中にも凛として、細面の品のいゝのに、桃割や唐人髷のよく似合ふ―そのくせまだ女学校気質《がくかうぎ》の失せきらぬハイカラな点もあつて―『女鑑』とかいふ誌上の投書欄では大層振るつてゐらしたものなさうで…いはゞまあ当時の世間が要求してゐた通俗的理想型のお嬢さんなんでした。

　まだ其頃は、何子さんなんて呼び方をあまり耳にしなかつた時分ですから、大変偉い別世界の人のやうな気がしてゐましたわ。[57]

内藤は小野吟子に唱歌を教わっており、「女学校気質《がくかうぎ》の失せきらぬハイカラな点」を備え「投書欄では大層振るつてゐらした」という小野は、雑誌への投書で注目を集めることにより輝く姿を内藤に示した。「しとやかな中にも凛として、細面の品のいゝのに、桃割や唐人髷のよく似合ふ」という小野のいでたちは、文才や野心を内に秘めて実直に日常生活を営んでいることを物語り、投書により輝きを得ることの魅力をさらに増したのである。内藤はこのような小野に憧れて「通俗的理想型のお嬢さん」とよび、雑誌への投書に興味を持つようになったのであった。

一一歳の時に内藤は、小説を書くということの魅力に眼を開かれることとなった。内藤は『生ひ立ちの記』で、「ナイチンゲール嬢から一転して紫清を崇拝するやうになつた」きっかけを次のように述べている。

　あの頃の女学世界…御記憶の方もありませう、現今とはちがつてもつと世帯じみたぢみな雑誌でしたわね…、それがたしか四月の増刊に、『閨秀文壇』て大層華やかな号の出たことを。

　懸賞小説、和歌、新体詩、美文、韻文こきまぜて、百花繚乱の趣があつた。熱しやすい少女の憧憬の瞳はヒタと誌上に吸ひつけられて、みる〳〵美しく輝き出しました。

（中略）

これによつて樋口一葉女史《ぢょし》だの三宅花圃女史《さん》、若松賤子さん、薄氷、稲舟なんと云ふ方たちの名も覚えました。ほんたうにあの時代の雑誌の感化力なんて恐ろしいやうですのね。

（中略）

私は自分が新領土の発見でもしたやうに思つて「女でも立派なものになれない事はない、かういふ道がひらけてゐる」と云ふことを、ぬすんででも行かれてはならないと黙つて胸一つに秘めてゐました。どうしたらなれるかといふ方法については、考へてみもしなかつたけれど。(58)

『閨秀文壇』とは『女学世界』の定期増刊号「閨秀文壇」（第五巻第六号　明治三八年四月一五日）のことで、奉天での戦勝を祝して企画された同号は、懸賞文の総評で「此の戦勝国人の抱負の如何ばかり大なるかは今俄かに知るべからずと雖も、今回女学世界が戦勝の紀念として募りたる閨秀の文章に就て見るに、其の多くは従来曾て見ざりし雄大渾厚の気の含まれたるに徴して自から其の然る所以の偶然ならざりしを知る」と入賞者を讃している。(59)「戦勝国人の抱負」を描きその腕を競うという「閨秀文壇」は、「世帯じみたぢみな雑誌」という内藤の『女学世界』に対するイメージを一新し、ナイチンゲールから「紫清」へと理想を変えさせたのであった。内藤が「ナイチンゲール嬢」に憧れていたのは『女学世界』でも多くとりあげられた日露戦争下での従軍看護婦の影響が大きいと考えられるが、(60)文筆を以て「女でも立派なもの」となる途があることを知った内藤は、看護婦として社会に貢献するよりも紫式部や清少納言のように文筆をもって世に出ることを夢見るようになったのである。そして内藤は、樋口や三宅らに関心を持つとともに、「さま〴〵な理想の人物を胸に描いて理想の生活をさせて、それを何よりの楽しみとするやうになつた」という小説修行をするようになったのであった。(61)

しかし内藤は翌明治三九年七月に父を喪い（内藤満一二歳）、「新聞を購読する余裕すらない苦境でしたから、希望も空想もだん〴〵いぢけて了ひますの、閨秀作家になどといふ抱負は何処へやら‼早く裁縫が上手になつて、東京の立派なお邸へ一二年行儀見習に上るのですよ、と云ひきかされもし、それが微かな光明であるやうな気もしてゐました」という境遇となった。[62]「裁縫」「行儀見習」に「光明」を見出した内藤は「紫清」への夢を一時あきらめ、自宅から裁縫塾へ通うこととなったのである。

『女学世界』への登場

近所の裁縫塾に通っていた内藤が『女学世界』に最初に登場したのは、第八巻第一〇号（明治四一年八月一日）である。[63]内藤は、「短文」に「心ゆく夕」を応募し、その後「避暑地より」（第八巻第一一号　明治四一年九月一日）・「栗にそへて」（第八巻第一三号　明治四一年一〇月一日）・「或る夜」（第八巻一四号　明治四一年一一月一日）が相次いで掲載された。入賞賞品は博文館の図書切符で、内藤は「惜しくつて何うしても手ばなす気になれない。生れて始《ママ》めて、懸賞文に当選して賞品を貰つたあの切手。お上手な方が聞いたらさぞ可笑しいであらうが、もう〳〵一生大切に宝物として蔵つておき度い程に思ふ」と喜び、[64]その図書切符で『女学世界』を買うのも惜しいと思うほどであった。なお内藤は、後にこの図書切符で藤村の詩集を購入したと『生ひ立ちの記』に綴っている。[65]『女学世界』で作品が入賞したことは、青年の憧憬を集めていた藤村の世界に内藤を誘ったのであった。

内藤が『女学世界』で注目を集める契機となったのが、定期増刊号「心の日記」（第八巻第一五号　明治四一年一一月一五日）に応募し第三等を受賞した「田舎住の処女日記」である。応募のきっかけは、その年の正月（内藤満一四歳）に、同じ裁縫塾に通う田口和の家を訪れていた東京の学生とカルタ会を催したことにあった。尾崎紅葉「金色夜叉」（明治三〇年一月一日より『読売新聞』に連載）の冒頭でも描かれたようにカルタは青年男女が好んだ遊びである。「田舎住の処女日記」で内藤は、その時のことを次のように描いている。

何の縁あつてか此の相州の片田舎に十年余り住なれて、花やかな都にあこがれ女学生さん達を羨んで居る妾。まだ恋と言ふ物も知らねば筒井筒振分髪の床しと慕ふべき君も持たぬが、これも亦一興とその日記の一節を左に。

（中略）

お留守居をしながら縫かけの羽織を縫つて居ると、お玄関に人の声がする。直ぐ出て行つて見と思がけない和さんであつた。明日の日曜に御親類の方が大勢いらつしやるから歌留多会をするつて、妾をも招きに来て下すつたのである。（中略）歌留多があると聞くものを、よしお許しなさらぬからつて何うして妾が静として居られよう。

（中略）

まづ世間話しが二ツ三ツの中に皆さんのお名前なども伺ふ。熊谷さんは中学校、中山さんは一高の学生、工科大学の沼川さん、早稲田の森田さん。鵠沼《こゝ》の小学校教師の本庄さん。

読役はいつもの通り夫人で、妾等は源平に別れた。学校の先生なんてわりにちつとも取れないのよ。歌留多にかけたら妾の方が余程上手だわ。

（中略）

いく度か組をくみ直して戦ふ、分けかへてあらそふ。勝つたのだか負けたのだか、まるで夢中であつた。

内藤がこのように青年との交流を描き得たのは、鵠沼という土地柄に拠るところが大きい。当時鵠沼には東屋・対光館・鵠沼館などの旅館があり、別荘の建築も始まっていた。江ノ島電鉄が藤沢まで開通したのは明治三五（一九〇二）年である。鵠沼近辺に住む女は旅館の手伝いを通して滞在客と接することがあり、また鵠沼の知己や親戚などの家に滞在する青年と鵠沼の娘との間にも交流があった。内藤は「相州の片田舎に十年余り住なれて、花やかな都にあこがれ女学生さん達を羨んで居る」と述べて鵠沼を「片田舎」とよんでいるが、『女学世界』の読者の眼には、内藤は避暑地に住む羨ましい境遇として映ったのである。

「学校の先生なんてわりにちつとも取れないのよ」という青年に対する優越感は、カルタの勝負で一高や帝大の学生と互角に闘ったという経験により、「花やかな都にあこがれ女学生さん達を羨んで居る」という内藤の疎外感や劣等感が薄らいだことを物語っている。このような男子学生に対する忌憚のない筆致は、以後内藤の魅力の一つとなった。そしてカルタ会の後の自身の変化について「眠つてた心に強烈な刺戟をうけて、私の再びいろ〳〵な雑誌《よみもの》を手にするやうになりました」と述べたように(66)、カルタ会での青年との会話を機に文学への関心が再燃したのであった。なお内藤は「田舎住の処女日記」では一人称として「妾《わたし》」の語を用いているが、以後の作品では「私」と表記しており、『女学世界』での入賞が内藤に自信を与えたことが分かる。

またこの時期、『文章世界』を中心に活躍していた水野仙子や『東京朝日新聞』に「空薫」を連載していた大塚楠緒子も内藤に筆を執らせた存在であった。水野と大塚に対する思いを、内藤は次のように述べている。

> 文章世界で水野仙子さんや、その頃朝日新聞には大塚なを子さんが小説を書いてゐらしたのも大いに発奮の料となり、また〳〵私の野心は以前のやうに燃え出しました。なけなしのお小使銭をはたいては、古雑誌屋の店頭などあさつて、それが何よりの楽しみでもあり、及ばぬ羨望の念に全身の血潮が狂奔して、苦痛でたまらぬ時もありました(67)。

水野は内藤より五歳年上で、明治四一年七月に『女子文壇』の寄稿家に選ばれ、投書家として活躍していた『文章世界』では明治四二年二月に新人作家に昇格するなどその活躍はめざましかった。須賀川裁縫女学校を卒業し雑誌への投稿により頭角を現した水野は、地方に住み高等女学校などへ行くことができない者でも雑誌の懸賞文により世に出る途が拓かれることを証明した存在で、青年に投稿を促すという影響力を放っていた(68)。水野は『女学世界』第八巻第六号（明治四一年五月一日）に「初夏日記」が掲載されており、『文章世界』『女子文壇』も購読しその活躍を目の当たりにしていた内藤にとって水野は身近な目標であったのである。

一方明治二〇年代より小説家として活躍していた大塚楠緒子は、明治四一年四月二七日から『東京朝日新聞』に「空薫」を連載し人気を集めていた。「空薫」の主人公雛江は雑誌への投稿によって名を成した婦人という設定で、投稿に意欲を燃やす女が関心を寄せるものである。また大学教授の妻で小説家という大塚の境遇も憧憬の的であった。

このような中で「また〳〵私の野心は以前のやうに燃え出し」た内藤は、「年中ふところか袂かお端折の中を、鉛筆と雑記帳でふくらませてゐないことはありませんでした。お庭のお掃除しながらでも、お釜の下を燃きながらでも、絶えずそれを取出しちやア書き入れて居りました」と文章を書くことに熱中する日々を送るようになったのである。[69] また「私がなけなしのお小使ひを、小説と雑誌にばかりつぎ込むのを冷笑《あざわら》つて（中略）私の事を、文学狂《ぶんがくきちが》ひだと言ふ」友人に対し不満を持ち、「小説と雑誌」が与えるときめきを共有できる相手を求めていた内藤に、『女学世界』は「まだ真の友の味と云ふもの知らぬ私は、こゝに私と同じく文学の花の香に酔ふて居る方を、かぎりなく慕はしく、しばしは魂の体を飛んだ」という満足をもたらしたのであった。[70]

明治四一年の秋、内藤は「田舎住の処女日記」の筆を執った。その時の状況を、内藤は次のように述べている。

> その年の秋でした。某誌で十一月の増刊の為にひろく懸賞の投稿を募集してあつたので、ふつと応じてみる気になつたのです。まつたく何の考へもなく、無意識のやうに…。かへつて深く考へてみれば、こんな思ひ切つた大胆な事が出来るものではなかつたのですが、母に言へば止められるに定つてますから、夜々二時間づゝの暇と、それから母の外出中とをねらつて、やう〳〵半紙十枚ばかりにおぼつかない字でしたゝめ、締切の前日かに投函《だ》しました。[71]

水野や大塚に対し「全身の血潮が狂奔して、苦痛でたまらぬ」ほどの「及ばぬ羨望」を日頃から抱いていた内藤は、「懸賞の投稿を募集」という好機に「まつたく何の考へもなく、無意識」のうちに筆を執った。そして第三等に入賞した内藤を、『女学世界』は次のように評し励ましたのである。

　平々凡々の事を書いてこれほどに読ますは尋常の業にあらず（中略）その原稿を見れば、手蹟の不つゝかなる、小学校の生徒さへ、かくまでは拙なからずと思はるほどなるに、其文の堂々たる詞壇の老将も舌を巻くべきところありこれが田舎に埋もれたる無名の女子かと思へば、真に悼ましき心地す、描写は細に入り天真流露して筆に同情多し。（「評」より）

『女学世界』は、「平々凡々の事」を「詞壇の老将も舌を巻く」ほどの筆力を以て「同情」（筆者注・共感）をよぶ描写をなすことを内藤の魅力としてあげ、文章を書く手腕を高く評価した。また「これが田舎に埋もれたる無名の女子かと思へば、真に悼ましき心地す」という言葉は、「田舎住」で裁縫塾に通っていることへの不満を癒した。懸賞文が入賞するという栄誉を与えられたのみならずその境遇にも理解を示された内藤は、「思ひがけもなく、非常に賞められてあつたので、私はもう有頂天になつて了つた。その雑誌を抱いて、もう〳〵うれし泣きに泣いたのです」と『女学世界』に傾倒し(72)、以後『女学世界』への投稿に熱中するようになったのである。

その後の自身の変化について、内藤は次のように述べている。

　丁度縫物にいそがしい師走のこととて、寸暇もゆるされぬのに、そうつと二分心《ママ》の光りが次の室に洩れぬやう苦心しながら、火鉢もなく更け行く夜半、かじかむ指に筆を持つた、あの緊張した心持は、もう生涯味《あぢは》はなれ《ママ》ないでせう。前髪の毛はいつも洋燈のために、ちり〳〵と焼けちゞれて居りました。
　欲しいものも沢山あつたけれど、お金（筆者注・賞金一〇円）はみんな母様に上げてしまつた。苦しい年末の家計の上には、それがどれほどの緩和剤となつたでせう、のび〳〵と眉をひらいて、おさへてもおさへても包み切れぬ歓喜と、小さな誇りとが私の胸に躍つてゐました(73)。

内藤の「誇り」は、作品が入賞したことだけでなく「苦しい年末の家計」を支えたことによる。文筆を以て「女でも立派なもの」になるというかつての思いは、懸賞文が評価されたうえに賞金を以て家計を支えるという役割を果たしたことにより実現したのであった。

『女学世界』における活躍

その後内藤は、定期増刊号「嫁に行く人」（第九巻第一五号　明治四二年一一月一五日）に「嫁がぬ人」を応募して第二等を受賞し、ついで定期増刊号「マダム振り」（第一〇巻第二号　明治四三年一月一五日）に応募した「思出多き函嶺の湖畔」では第一等を受賞するという成長をみせた。[74]「思出多き函嶺の湖畔」は、『女学世界』への投稿を通じて知り合った石本瑞枝の養家である箱根の旅館で明治四二年の夏に女中として過ごした時の体験を基に描いたものである。「新奥様の幸福なる生活」を描かせようとした『女学世界』の趣旨に添うものではなく、また他の入賞作品とも趣を異にしたものであったが第一等を受賞したことから、内藤の作品がいかに高く評価されたかが分かる。[75]

この作品で内藤は、「紺飛白の単衣に黒メリンスの兵古帯、私の好きなお近眼鏡かけて、三分刈頭のさつぱりした学生風、この若様大学生よ、法科」「角帽《スクエヤーハット》で五位様は理科、お附の桂木様は駒場の椋鳥さん」らを担当する宿の女中花枝を主人公とし、「君ボートに行きませんか、素敵に重いオールで一人ぢやこげないんですよ」と誘われたり「手紙《レター》の交換を願ひますよ、つて帯の間に名刺を入れられたり」した旅館での日々を描き、その中で花枝は「ほゝゝ、流石の私も角帽には飽々して了つたわ」と述べている。『女学世界』は男子学生にも読まれていたため、『女学世界』への投稿で既に名が知られていた内藤が学生に注目される存在であったことが推測できるが、内藤が「角帽」をこのように批判し得たのは『女学世界』で懸賞文が入賞したという自信があればこそであった。また卒業後明るい未来が開かれているわけではないにも関わらず「角帽」を被っているというだけでもてはやされる男子学生への揶揄は、学校へ行くことができなかった内藤の思いを晴らすのみならず、女であるという理由から教育を受けることができない読者の共感をよんだのである。そしてこのように男子学生を描くことにより、内藤は男の肩書きに心を奪われがちな同性の眼を醒まさせようとしたのであった。また避暑地で過ごす男子学生との交流を描くことは、学校に対する内藤の憧れを満たした。

その後内藤は、「ス井ートホーム」（第一〇巻第五・六号　明治四三年四月一日・五月一日）を皮切りに「年の暮のマダム」（第一〇巻第一六号　明治四三年一二月一日）・「新年のマダム」（第一一巻第一号　明治四四年一月一日）と連作を発表し新たな境地を拓いた。一連の作品は、赤門工科の学生金子篤麿と結婚して鵠沼に母と下女きよとともに住む百合子を主人公とし、夫との新婚生活や夫の友人との交流を描いたものである。

内藤が描いた「マダム」は、次のように語っている。

> 私も一度は文学熱に浮かされて、なまじ他人からもおだてられたまま、好こそ物の上手なれとか、紫式部の血を受けて来たのだとか、鬼才、天才、そんな声の耳に入る度、熱い血潮を沸き返し、ひそかに未来の閨秀作家を以て任じたものだつた。
>
> 詩集の代りに家計簿ひろげ、歌筆捨て小遣ひ帳、いまはもう野心もなく功名心も消えた、たゞ良人の愛に縋つて…良人によつてすべての快楽、幸福、満足をうる。[76]

ここで内藤は百合を、「未来の閨秀作家」たる野心や「紫式部の血を受けて来た」という自負心を捨てて「良人」を通して自己実現を図る女として描いている。それは、結婚して日常の家事に追われる中で「野心」「功名心」を失い、また「良人によつてすべての快楽、幸福、満足をうる」ことが幸福の証であると考える女に対する批判に他ならない。内藤は「良妻賢母」という規範の中で生きる『女学世界』の読者に対し、「たゞ良人の愛に縋つて」という形とは異なる「快楽、幸福、満足」があり、「歌筆」を執り続けることがその途となることを示し日常生活の中で夢を失いがちな女を励ましたのであった。『女学世界』への投稿で自らの場を築き得た内藤であるからこそ、この主張は説得力を持ち得たのである。内藤は「スヰートホーム」の主人公の名である金子百合子を自身の筆名としても用いており、「マダム」を描くことを通して『女学世界』の読者に自らの足で歩くよう訴えようとしたのであった。なお内藤は他に、萩香という筆名も用いている。

内藤千代子の魅力

『女学世界』の「誌友倶楽部」には内藤の作品に関する感想が多く寄せられており、読者が内藤のどのような点に魅力を感じていたのかを知ることができる。

いつも内藤千代子様のお筆にはチヤームされますのよ、ほんとうにお上手ですわね、記者様お願ですから千代子様のお写真を誌上にお掲げ下さいな(77)

恋しき〳〵内藤千代子様、私はもう貴女が恋しくつて、お懐しくつて、お作物拝見します度、縋り付きたいやうな気が致しますのよ、あゝこんな御姉様が有つたらどんなに嬉しいでせう、こんなお友達が有つたならどんなに喜ばしいでせうと思はぬ時は御座いません(78)

『女学世界』の読者は、寄書家として頭角を現した内藤に、「お友達」という身近な存在でありながら「御姉様」という憧れの対象であってほしいとの思いを抱いていた。内藤の写真の掲載を求める投書は他にも多くみられ、内藤に対する関心の高さを物語っている。なお内藤の写真は、第一二巻第九号（明治四五年六月一五日）に掲載された（写真7）。「ほんとうにお上手ですわね」という親近感に満ちた表現は、『女学世界』の読者にとって内藤が身近な存在であることを示しており、内藤はその傑出した文才を以て読者を「チヤーム」するのみならず、読者の心情を「お上

写真７　内藤千代子（向かって右）
（『女学世界』第12巻第９号　明治45年６月15日　神奈川近代文学館所蔵）

手」に描き出す存在として頼りにされていたのである。
また別の読者は、内藤の容姿について次のように述べている。

皆様の内には彼の方のことを男子の方だとかまた三十以上の方だとか想像なさる方をお見うけ致しますが、実際お年は十八つぼみの花、その上ハイカラ風なごく、しとやかにやさしい令嬢で入らつしやいます、一寸申せばおぐしも高島田にあげてうつむきかげんの、花ならば白ゆりとでも申しませうか(79)

従来より女が文章を書くことは、「小野小町清少納言紫式部和泉式部などいふ皆学問に長じ和歌に達する故に限りなき淫婦と成にけらし(80)」などと言われて批判や揶揄の対象となっていたため、女の心情の機微に精通しそれを歯に衣着せぬ筆致で描くことや男子学生との交際について記すことは、世故長けた年配の婦人や「お転婆」と批判される女というイメージを与えがちである。

しかし『女学世界』の読者は、内藤を「白ゆり」に喩えたのである。「白ゆり」には、「優しく笑みて咲き出でし　露白百合の花一枝、慰藉の神は此処にあり(81)」「美し

表11　内藤千代子『女学世界』掲載作品一覧

巻・号	刊行年月日	題　　名	筆名	備考
第８巻第10号	明治41年８月１日	心ゆく夕	内藤千代子	
第８巻第11号	41年９月１日	避暑地より	内藤千代子	甲賞
第８巻第13号	41年10月１日	栗にそへて	内藤千代子	
第８巻第14号	41年11月１日	或る夜	内藤千代子	
第８巻第15号	41年11月15日	田舎住の処女日記	内藤千代子	第３等
第８巻第16号	41年12月１日	霜月日記	千代子	
第９巻第１号	42年１月１日	祝ひに招かれて	内藤千代子	丙賞
第９巻第２号	42年１月15日	お正月日記	千代子	
第９巻第４号	42年３月１日	味はふべき日記文	萩香女	
第９巻第８号	42年６月１日	憧がるゝ少女の手紙	内藤千代子	第２等
第９巻第９号	42年７月１日	滑稽小説塩加減	萩香	
第９巻第10号	42年８月１日	小説まつかぜ	萩香	
第９巻第15号	42年11月15日	嫁がぬ人	内藤千代子	第２等
第９巻第16号	42年12月１日	熱烈なる少女の恋	内藤千代子	
第10巻第１号	43年１月１日	うれしい正月日記	萩香	
第10巻第２号	43年１月15日	思出多き函嶺の湖畔	内藤千代子	第１等
第10巻第５号	43年４月１日	スヰートホーム	無名氏	
第10巻第５号	43年４月１日	女の手紙	内藤千代子	
第10巻第６号	43年５月１日	スヰートホーム	内藤千代子	
第10巻第７号	43年５月15日	女の手紙	内藤千代子	
第10巻第８号	43年６月１日	おてんば娘	夢見る人	
第10巻第９号	43年７月１日	ハーモニカ	内藤千代子	
第10巻第11号	43年９月１日	天女降臨	内藤千代子	
第10巻第15号	43年11月15日	小春日記	内藤千代	
第10巻第16号	43年12月１日	小春日記	内藤千代	
第10巻第16号	43年12月１日	年の暮のマダム	内藤千代	
第11巻第１号	44年１月１日	新年のマダム	金子百合子	
第11巻第２号	44年１月15日	夢より醒めた女	内藤千代子	
第11巻第５号	44年４月１日	新郎新婦の性格	金子百合子	
第11巻第７号	44年５月１日	湖畔吟	萩香	
第11巻第９号	44年７月１日	青葉の蔭	内藤千代子	
第11巻第11号	44年９月１日	現代の人より	萩香	

第11巻第12号	44年９月15日	華族系	内藤千代子
第11巻第14号	44年11月１日	生活難	内藤千代子
第11巻第14号	44年11月１日	帝都の秋	萩香
第11巻第16号	44年12月１日	新婚旅行	内藤千代子
第12巻第１号	45年１月１日	春宵記	内藤千代子
第12巻第７号	45年５月１日	向陵の夜月	内藤千代子
第12巻第９号	45年６月15日	箱から出た女	内藤千代子
第12巻第16号	大正元年12月１日	秋風吟	萩香
第13巻第１号	２年１月１日	赤門出の秀才	内藤千代子
第13巻第３号	２年２月１日	一身の革命	内藤千代子
第13巻第３号	２年２月１日	内藤千代子と大阪	（無記名）
第13巻第８号	２年６月１日	其日其日の気分	内藤千代子
第13巻第９号	２年７月１日	其日其日の気分	内藤千代子
第13巻第12号	２年９月15日	五人空想団	内藤千代子
第13巻第12号	２年９月15日	富士遭難記	内藤千代子
第13巻第15号	２年11月15日	芸術座の楽屋を訪ふ（一）	内藤千代子
第14巻第１号	３年１月１日	生ひ立ちの記（一）	内藤千代子
第14巻第３号	３年２月１日	東京印象記	内藤千代子
第14巻第５号	３年４月１日	生ひ立ちの記（二）	内藤千代子
第14巻第６号	３年４月10日	メーゾン鴻の巣	内藤千代子
第14巻第７号	３年５月１日	生ひ立ちの記（三）	内藤千代子
第14巻第８号	３年６月１日	吾がアルバム	内藤千代子
第14巻第９号	３年７月１日	生ひ立ちの記（四）	内藤千代子
第14巻第10号	３年８月１日	思ひ出の記	内藤千代子
第14巻第11号	３年９月１日	砧の声	内藤千代子
第15巻第５号	４年５月１日	木の芽草紙	内藤千代子
第15巻第８号	４年８月１日	小説毒蛇	内藤千代子
第15巻第９号	４年９月１日	小説毒蛇	内藤千代子
第15巻第９号	４年９月１日	日本アルプスへ！	内藤千代子
第15巻第10号	４年10月１日	日本アルプスへ（その二）	内藤千代子
第15巻第10号	４年10月１日	日本アルプスへ（三）	内藤千代子
第15巻第11号	４年10月10日	小説毒蛇	内藤千代子
第15巻第12号	４年11月１日	小説毒蛇	内藤千代子
第15巻第13号	４年12月１日	小説毒蛇	内藤千代

第16巻第１号	５年１月１日	長編小説毒蛇	内藤千代	
第16巻第２号	５年２月１日	長編小説毒蛇	内藤千代	
第16巻第３号	５年３月１日	小説毒蛇	内藤千代	
第16巻第４号	５年４月１日	小説毒蛇	内藤千代	
第16巻第５号	５年５月１日	小説毒蛇	内藤千代	
第16巻第８号	５年７月１日	小説毒蛇	内藤千代	
第16巻第13号	５年12月１日	小説毒蛇	内藤千代	
第17巻第１号	６年１月１日	小説毒蛇	内藤千代	
第17巻第２号	６年２月１日	小説毒蛇	内藤千代	
第17巻第３号	６年３月１日	小説毒蛇	内藤千代	
第17巻第４号	６年４月１日	小説毒蛇	内藤千代	
第17巻第５号	６年５月１日	小説毒蛇	内藤千代	
第17巻第６号	６年６月１日	小説毒蛇（未完）	内藤千代	

い白衣の天女（中略）清き崇高《けだか》き白百合の花」[82]などと喩えられたように清純で高雅なイメージがあった。一方この読者は、「ハイカラ風なごく、しとやかにやさしい令嬢」である点に内藤の魅力を見出している。「ハイカラ」という内藤のイメージは歯に衣着せぬ筆致で男子学生のみならず同性をも批判することによるもので、「しとやかにやさしい」という印象とは相反する。ここから、「ハイカラ」な才知を忌憚なく発揮しながら「しとやかにやさしい」ことが理想と考えられていたことが分かる。『女学世界』の読者は内藤に、このような理想像の体現をみたのであった。

なお『女学世界』の編集主任である松原岩五郎は、この時期の内藤の魅力について次のように述べている。

> 村嬢（筆者注・内藤）の日記は甚だ幼稚なる書きぶりであるにも拘はらず、一等より五等まで二十五篇の才媛の中にあつて、異彩を放ち、その多情式の文体を以て早く既に読者の感情を捉へた。
>
> この懸賞文の企は爾後数回に亘つて継続されたが才媛は朝進暮退して、其都度顔の改まるに拘はらず鵠沼の人（筆者注・内藤）は常に欠かさず其文を寄せて三等賞から二等に入り一等に進み、田舎むすめは一躍して女王《クイン》の宝冠を戴き、十万読者を独

特の魔術に引きつけて渇仰の的とならしめたのである。(83)

筆を競う女が「朝進暮退」する中で、内藤は「常に欠かさず其文を寄せ」る熱意と「三等賞から二等に入り一等に進」む実力、そして「十万読者を独特の魔術に引きつけて渇仰の的とならしめ」る魅力とを備えていた。投稿を重ね寄書家として着実に力をつけていったことは内藤の欠くべからざる魅力であり、これにより内藤千代子という寄書家が影響力を持ち得たのである。松原が内藤の文章を「多情式の文体」と評したように、多くの読者が共有している感情を描き出し共感をよぶ世界を呈したことが内藤の魅力であった。

その後小説家として活躍していた内藤は、大正七年一月に栄養学者佐伯矩との間に長男の早春（非嫡出子）をもうけたが夭逝し、大正一〇年に再び佐伯との間に照子・光子という双子の女児を得た。しかし肺を病んでいた内藤は出産後は目立った活動もなく大正一四年三月二三日に三二歳で死去し、現在は両親や早春らとともに藤沢市の万福寺（藤沢市神明三丁目）に眠っている。同寺の住職である荒木良正氏（大正四年三月二二日生まれ）に対し筆者が平成一四年五月に行った聞き取り調査によると、内藤は一人でしばしば早春の墓参に訪れていたという。荒木氏は銀杏返しに結った内藤の姿を記憶しており、「きれいなおばさんだった」と語った。荒木氏の姉やえさんが『女学世界』を購読し内藤のファンであったため、荒木氏は墓参帰りの内藤を東海道線の踏切まで姉とともに見送りに行ったことがしばしばあったという。

大正一四年に内藤が死去した時、荒木氏は父の跡を継いで万福寺の住職になったばかりであった。そのため内藤の葬儀は近くにある空乗寺で行われたのであるが、肺病で死去した人の葬式の常として参列者は少なかった。荒木氏は昭和八年頃まで内藤の母親が墓参していた姿を記憶しているが、内藤の妹や娘やファンが墓参した様子はなかったという。(84)また高木和男は、昭和八年頃まで佐伯が鵠沼の内藤家を訪れて娘達と遊んでいたことや二人の娘が藤沢高等女学校を卒業したことを記している。(85)内藤の母は昭和八年に死去しており、この時期まで内藤家と佐伯との関わりは続

いていたようである。（表11）

第三節　「良妻賢母」の日常

「良妻賢母」の現実

女子教育機関を修了した女は「女学校出」「学校出」などとよばれており、『東京パック』は「学校出の新夫人」と題して次のように諷刺している。

兎角経験といふ事を軽じ姑の云ふ事は、一も二もなく旧弊と笑ひ、野蛮と嘲り「本にそんな事はありませんよ」と遣込め、万巻の書は腹にはあらで棚にありと、和洋料理法を読み違へて数の子を煮〆め、鶏卵の黒焼を拵へ、裁縫独案内で子供の着物の襟肩を三寸も開けたりする蝦茶袴を脱ぎたての新夫人、小供の火傷を見かけて、慌て丶通俗治療法を持出し繰返し〳〵「ホントニ困ツちまふね火傷の、手当法のところが見附からないわ」(86)

「姑」の家事のやり方を「一も二もなく旧弊と笑ひ、野蛮と嘲」ることは、学校で学んだことを生かして「女学校出」にふさわしい家事を実践しようとする意気込みの表れである点を看過してはならないが、高慢さととらえられ女子教育の弊害として批判されていたのが現実であった。また「万巻の書」を顕示しながら結局は「裁縫独案内」「通俗治療法」に頼るのは、「女学校出」の家事に関する知識や技術の未熟さのみならず軽薄さ故ととらえられ、女子教育の意義が疑問視される要因でもあった。「良妻賢母」になるための教育を受けてきた「女学校出」の価値は日常生活における家事の実務能力を以て測られており、能力が未熟であるうえにプライドが高く自身の欠点に気づいていないというのがその評価であったのである。

図６　「女学校出」のイメージ（『東京パック』第２巻第15号　明治39年４月１日　国立国会図書館所蔵）

なお「主婦としての家務を実習する唯一の科目なれば、良妻賢母を目的とする女学校には、極めて重要なる地位を占むべき[87]」である女子教育機関の家事科[88]の内容にも問題があった[87]。多くの家事科の教科書では、「婢僕の監督」「婢僕の待遇に就いて」などの項目が設けられて「婢僕」や下女などを使役する家事のあり方が示されている。また家計についても、俸給生活者の月収は三〇〜五〇円であることが多い中、高等女学校などで家事科の教科書として多く用いられた塚本はま子『実践家政学講義』（参文舎　明治三九年）・甫守ふみ『新編家事教科書』（目黒書店　明治四四年）はともに月収一〇〇円の家庭を想定している。『婦女新聞』が文部省検定の家事科の試験問題をとりあげて「家事科の受験者は、勢ひ上流の家庭研究に重きを措き、却つて地方女学校の教員として必要なる程度の研究に粗なる」と批判したように[89]、家事科の内容が生活の実態に則したものではないため、「女学校出」は学校で習った通りの「良妻賢母」たり得ないのであった。

また「良妻賢母」たらんとする自負心は揶揄の対象とされがちで、『東京パック』は「良妻賢母」と題して次のように描いている。

アラ善くツてよ、妾だツて帝国淑女大学の卒業生でよ、良妻賢母としての心得くらゐは、承知してゝよ（中略）矢鱈に一人で出るなんて、スウ井ートホームの理想は何処へ行ツちまつたの、妾だツて無暗に、良人一人出しちや、良妻としての資格に背くわ。（中略）そりや妾だツて、割烹は　淑女大学で修めてよ、でも火が燃えつかないし、御飯が焦げたりするし、第一、淑女大学の卒業生が御飯を炊いては同窓間の名誉にも関するわ（中略）十分に自分の意見を述べぬやうじや、良妻じや無くツてよ、又互いに意見を闘はさねば、スウ井ートホームは維持されなくツてよ、アラ良妻賢母と、淑女大学卒業と、スウ井ートホームは、願ひ下げですと、アラ君、君失敬だわ[90]

ここでは、夫と行動を共にし時には「互いに意見を闘は」せることが「女学校出」たる「良妻賢母」の証であり、それにより「スウ井ートホーム」は築き得ると考えている女に対し、その考えが夫の共感を得られるものではないことが指摘されている。特に「淑女大学の卒業生が御飯を炊いては同窓間の名誉にも関するわ」という高慢な姿勢は「女学校出」が批判される要因であったが、「女学校出」には自覚されていない。またここには「スウ井ートホーム」や「良妻賢母」に対する男女の考え方の違いが示されており、「女学校出」が考えるそれは歓迎されているとは言い難いものであったのである。

一方、「スウ井ートホーム」を築き「良妻賢母」として手腕を発揮するということが、女にとって必ずしも魅力的な課題ではないという現実もあった。『女学世界』の寄書家として活躍した内藤千代子は、「末は博士か大臣か」と言われた大学生の実態を描き、その妻となることが女にとって魅力的ではないことを次のように述べている。

かつては角帽〳〵と王冠の如く心得て居た時代もあつたけれど、少し親しく接して見れば、大学生だつて人間ですもの、随分下らない人が多いんです、首尾よく学士になつたところで、高等官の試験にさへずゐ分落こちる人がある、秀才の聞え高かりし文学士夫人となつた光枝様《さん》も、辺鄙な田舎中学へ行つて四十五円の月給、お子様がもうお三人、ときいては一寸悲観して了ふ。[91]

「大学生」「学士」であっても将来が保証されているわけではないことは女が結婚を忌避する一因であったが、それでも結婚という途を選び家庭を担って妻・母として生きていくのが多くの女の現実である。しかし「辺鄙な田舎中学へ行つて四十五円の月給」で暮らし、特に下女を雇わず自らの手で家事の全てを担わなければならないことが劣等感を抱かせるため、家庭を担うということに夢や自負心を抱けずにいたのであった。女子教育が発達する中で行儀見習や家事能力の習得などの意味を持っていた下女奉公が求められなくなり、また日清戦争以降に産業が発達し下女よりも女工を希望する女が増加したことなどにより下女が不足していたため[92]、下女を雇えないのは夫の給料の低廉さだけが原因ではない。しかしこのような状況が「良妻賢母」たることへの夢を失わせたのであった。堺利彦が『家庭の新風味』で「我輩は細君たちがせんかたなしにこれ（筆者注・「水汲み飯たき」）をやるというのが気に入らぬ。せんかたなしではなくみずから信じ、みずから安んじてやってもらいたい」と説いたのは[93]、このような境遇にある女を鼓舞し家庭を担うということに誇りを持たせようとしたからである。

このような中で『女学世界』の読者は、自らの日常の営みの様を綴り、また理想像を描いてその可否を互いに問いかけ合ったのである。それは「良妻賢母」たれという使命をいかに果たし、自負心をどのように充たすかを模索するものであった。そして読者が描いた女の姿は、『女学世界』の読者の日常の営みにおける道標となったのである。ここでは、女がいかなる「良妻賢母」たらんとしていたのかを、『女学世界』の読者の投稿をもとに描き出していく。

下女のいない生活

まず初めに、明治四〇年代から大正初期にかけて活躍した野菊（野菊子・野菊女）と称する寄書家についてみていく。『女学世界』第八巻第五号（明治四一年四月一日）に「約婚日記」で登場した野菊は、幼い頃秩父で育ち松本荻江に学んだ（松本は明治一八年に秋田県女子師範学校に教頭として赴任するまで、女子師範学校で教壇に立つかたわら止敬塾でも教えていた）。ここから野菊が明治一〇年頃に生まれ、『女学世界』で寄書家として活躍していたのが三〇代であったことが推測できる。

松本の影響により下田歌子やナイチンゲールに憧れ、「私だつて偉くなれる」という思いを幼い頃から抱いていた野菊は、「母さんみたいな、丸髷なんかにや結やしないわ（中略）先生が仰しやつたわ、母さんなんかは、ただの女だつて…。荻江先生は沢山月給とつて、偉いんだから、たゞの女つてんぢやないんでせうねえ」という言葉を、造り酒屋の娘として育ち官吏に嫁いだ母親に向かって発する少女であった。(94)下田と同じく職業を持ち「沢山月給とつて」いる松本を「偉い」ととらえた野菊は、「月給」をとる術を持たず旧態然とした「丸髷」を装う母親を「ただの女」とよんだのである。しかし「髷の女」という題名にみられるように成長した野菊は母と同じく髷を結い、自身が「月給」をとることはないのであった。そして子どもがいないことが、野菊の「髷の女」たる劣等感をいや増していたのである。

女学校を卒業後、小学校教員の妻となって大宮に住むこととなった野菊は、定期増刊号「心の秘密」（第九巻第二号明治四二年一月一五日）に応募した「小学教師の妻の日記」が第三等に入賞し、その後は日常生活を描いた投稿で実績を重ね寄書家としての地位を築いていった。野菊は夫に替わって町の有力者の息子の病気を見舞うなど「小学教師の妻」として内助の功を発揮し、農作業中の児童の祖父から「これは先生様の…（中略）孫共が御厄介になりますことで」と丁寧な挨拶を受けるほどであった。また野菊自身も近所の娘に綴り方や算術を教えるなど家事だけでなく交際や社交といった役割も全うし、「小学教師の妻」として周囲から認められる存在であったのである。しかし周囲の人々から寄せられる敬意とは別に、下女を雇わず自らの手で家事の全てをこなし、家計のためにあかぎれのある手で賃仕事をしなければならないのが「小学教師の妻」たる野菊の現実であった。

野菊は、自らの結婚生活の幸福について次のように述べている。

昼はいつでも、一人ぽつねんと、暮すのだから、毎日此夕暮の、靴音をきゝつけた時程、嬉しい思はない、質素な晩食を済まして、其日学校にあつた事など伺ひながら、裁縫するのも楽しく時には添削物のお手伝する事もあり、埋火の白くなるのも知らないで読書に耽る時もある(95)

野菊は「其日学校にあつた事など伺ひ」「添削物のお手伝する」ことを、教師の妻としての内助の功だけでなく一家団欒ととらえている。一方、結婚後読書ができない（許されない）ことを嘆く『女学世界』の読者が多い中で、「埋火の白くなるのも知らないで読書に耽る」ことができる境遇は羨望の的であった。

かつて野菊は、医師と結婚し上京する娘の結婚に対する夢を、「散歩するにも二人連、芝居も一度位は見せて下さるだらうし、上野の桜、堀切の花菖蒲、画で許り見て居たが、此も二人連で見に行かれる事であらう」と描いた(96)。結婚の幸福とは夫と「二人連」であることと考える野菊の現実の結婚生活では、「二人連」の夢は「質素な晩食」を夫とともに囲み、賃仕事をしながら夫と会話することによって叶えられたのである。ここで野菊が描いた「二人連」のくらしは、一家団欒の場を持ち主婦が余暇を活かして読書をするという生活で、堺利彦らによって示された家庭を体現している。野菊は、このような姿を描くことにより『女学世界』の読者の支持を得たのであった。

その後野菊は、定期増刊号「マダム振り」（第一〇巻第二号　明治四三年一月一五日）に「新奥様訪問記　マダムぶられの記」を応募して第二等を獲得した。ここで野菊は、同級生を訪問し「マダムぶられ」た様子と帰宅後家事をこなす自身の姿を対照的に描いている。野菊は同級生の容貌を「ふつくらとだしたお前髪に、これがローマとかエヂプトとか、葉巻の名と間違ひさうな名の巻方なんでせう、宝石入りの金ピンがきら〳〵と眼を射て、なんのお老けなさる所か、歓楽に伴ふ花やかな御ものごし、同年の儂より四つ五つはお若い」と賞讃し、使用人に卒なく指示し交際にも目配りする秀逸な主婦ぶりに敬意を表すなど、裕福な生活を送る友人に対して抱いた思いを率直に述べている。

この訪問は野菊に、「昔は一つ教室に机を並べて、いつまでもよ！と契り合った」友情が長くは続かないことを実感させるとともに、自らの手で築いてきた堅実な生活を振り返る好機となった。帰り際に「いづれ貴女のマダム振を一度は、拝見に出かけますから…」と言う友人に対して、「手織木綿の布子の裾を端折つて、これから帰つてお漬菜でも洗ひませう、大層なマダムで厶いますこと…」と返した野菊は、自らの「マダム」ぶりを次のように描いたのである。

手早く、一張羅を脱いでこれから大車輪！鳥渡よくでる、食卓日誌の体裁にかくと、

一、鰯　つみいれ、清し汁、葱、

二、鰯　天ぷら、附合　おさつ、にんじん

三、すりいも　三杯酢花かつを、もみのり

お香の物は浅漬の大根に、茄子の辛子漬（中略）チャブ台をだして、皆で温かい夜食をいたゞくどうしても、うちの御飯が一ばん美味しい。

（中略）

さう〳〵、鰯の残りが、まだ五尾ある、裂いて酢びたしにして置けば、あしたお肴の足になる、針のご飯（筆者注：野菊の留守中に夫が炊いて失敗したもの）も煮かへして麹一まい入れて、甘酒にして置きませうまだ、あすの朝のお米も、といで置かなくちやならないのね…、忙しいこと…。

ここで野菊は、ちゃぶ台を囲む一家団欒を体現している。野菊があげた「食卓日記」は、『女学世界』の寄書家の一人で裕福な令嬢の生活を主に描いた上原綾子（ここでは桃割式部の筆名を使用）の「嫁入前のお嬢さん」のことで、(97) 両親の留守中に訪れた兄の友人をもてなすため「弦斎式の真新しい料理服」に身を包み料理の腕を奮うという内容である。「お嬢さん」である上原の献立は「鯛の雪見蒸」「鯛のフライ」「松茸の清汁」であるが、「小学教師の妻」たる野菊は鰯のつみいれと天ぷらを手早く作り、残りは酢びたしにして材料を無駄なく使い切った。また野菊は、夫が炊き損じたごはんで甘酒を作るという知恵も披露している。使用人への指示など裕福な家庭ならではの「マダム振り」を発揮する同級生を見て羨望を禁じ得ない野菊であったが、鰯という安い食材を使いこなして変化に富んだ料理を作るという少人数の家庭の主婦に不可欠な手腕を遺憾なく発揮した野菊は、「どうしても、うちの御飯が一ばん美味し

表12　野菊作品一覧

巻・号	刊行年月日	題名	筆名	備考
第8巻第5号	明治41年4月1日	約婚日記	野菊子	
第9巻第2号	42年1月15日	小学教師の妻の日記	野菊女	第3等
第9巻第9号	42年7月1日	わらはゝ良妻主義にて候	野菊女	
第9巻第12号	42年9月15日	当世ヒステリー物語	野菊女	
第10巻第2号	43年1月15日	新奥様訪問記　マダムぶられの記	野菊女	第2等
第10巻第7号	43年5月15日	世渡修行の巻	野菊女	選外
第10巻第13号	43年10月1日	針もついとま	野菊女	
第10巻第15号	43年11月15日	目前の教訓	野菊女	
第11巻第2号	44年1月15日	若き婦人の心理解剖	野菊女	
第11巻第6号	44年4月15日	若葉日記	野菊	選外
第11巻第9号	44年7月1日	似非物語	野菊	
第11巻第14号	3年11月1日	つゆの宿より（まだ見ぬ友へ）	野菊女	
第11巻第16号	44年12月1日	人生の表裏（平和に暮らす妻の述懐）	野菊女	
第12巻第1号	45年1月1日	若き友へ	野菊女	
第12巻第13号	大正元年10月1日	秋茄子の価	野菊	
第12巻第14号	元年10月15日	平凡な小石	野菊女	
第12巻第16号	元年12月1日	月給鳥	野蘭《ママ》	
第13巻第2号	2年1月15日	謎の女	野菊女	
第13巻第5号	2年4月1日	思ひ出の花	野菊女	
第13巻第7号	2年5月15日	髷の女	野菊	
第13巻第11号	2年9月1日	白露さうし	野菊女	
第13巻第16号	2年12月1日	媒妁人の手控帳	野菊	
第14巻第6号	3年4月10日	揺籃記	野菊	
第16巻第11号	5年9月1日	行儀見習の記	野菊	

い」と述べて自身の手腕に満足し、それを発揮し得る境遇に幸福を見出したのである。

『女学世界』は、第八巻第一一号（明治四一年九月一日）より「家庭好み晩餐三品料理」の懸賞募集を行った。その内容は「新生鮭一尾」「薩摩芋八百匁」「八ツ頭芋八百匁」などの日常的な食材を使い切る三品の献立を考えて応募するというもので、『女学世界』の読者は「吸物・フライ・酢のもの」（蓮根）・「フライ・おこと汁・サラダ」（馬鈴薯）などの献立を作成し、味のバリエーションややりくりの手腕を競っている(98)。評には「玉子巻と月の雫の如き何れも甘くして献立に変化乏しき嫌あるは不可なり」「鳥肉刺身は料理的調理に属し家庭には不格合」などと述べられており(99)、手間がかからず変化に富んだ食事を作る手腕が求められていた。なお読者の投稿においても、鯛などの魚は刺身とフライを半身ずつで作り、あらを吸い物にして材料を使い切るといった献立がよくみられる。一方当時の家事科の教科書や割烹に関する雑誌の記事には、料理の作り方の説明はあるが献立が掲載されているものはほとんどみられない。また分量も六～八人前のものが多い。少人数の家庭向きの献立を立て食材を無駄なく使い切ることは「女学校出」が日々の家事の中で身につけていかなければならない手腕の一つであり、野菊はこの点においても『女学世界』の読者に対し手本をみせたのであった。

また家事の全てを担い家庭を築いていくことへの心構えについては、野菊は次のように述べている。

> 世には、子供の一人位を荷厄介にして、女中なんか置いて奥様顔なさりながら、やれ俸給があがらないことの、物価が高くてやりきれないのと、貧乏な愚痴を他人にまで、こぼして聞かせる方もありますがね！、何も女中を置くのが名誉にでもなりやすまいし、泣言をいつてる間に、下女の倹約でもして、御自分から、どし〳〵おやりなさればい丶のにねえ…。
>
> （中略）
>
> 重くて〳〵、幾度も休みやすみ持つてきた手桶の水を、今では両手に軽々と提げてもこられる、したことがないたつて、普通の人に出来る事ぐらゐ、やつて見ればやれるものだと、自覚してからは、儂はひとりで何でもする、出来ないまでも試みますのよ、随分気の強い女でせう…。(100)

「普通の人に出来る事ぐらゐ、やつて見ればやれる」という自信は、「女中を置く」ことなく「ひとりで何でも」こなす中で培ってきたものであった。なお野菊の文体には、「奥様顔」をしている女を批判し、「ひとりで何でも」しなければならないという同様の境遇にある女を鼓舞しようとする思いをみることができる。

『女学世界』の読者は、「小学教師の妻」の日常生活を描く野菊を次のようにみていた。

> 野菊様女学校卒業になつて、太田のさる小学校のテイーチヤーの所へお嫁き遊ばした御様子、其分に安んじて少

> しも不平を口に遊ばさず、よく背の君に侍き給ひ、様々の教訓談など、時折お書き遊ばしては、私共に御示し下さる優しき御心、何時も〳〵感謝いたして居りますのよ、それに少しも高ぶると云ふ事なく、「はかなげに咲く野菊一輪」なんてケンソンしてお出になるのですもの、私大好き、どうぞ野菊様、おひまの節はどし〳〵お書き遊ばして頂戴、私貴女様の様な方の、一人でも多くなる様に、祈つて居ります(101)

野菊の魅力は、「分に安んじて少しも不平を口に遊ばさ」ず、「女学校卒業」という肩書きや「小学教師の妻」という立場、そして『女学世界』で寄書家として賞讃を得ていることに「少しも高ぶると云ふ事な」い姿勢にあった。そこでこの読者は野菊が描く内容を「教訓談」と受けとめ、道標としたのである。この読者が「私貴女様の様な方の、一人でも多くなる」ことを望んでいるように、家事能力と勤勉さや文筆力とともにこれらに驕らない人格を備えることが理想と考えられていたのであった。(表12)

「女学校出」の真価

定期増刊号「心の日記」(第八巻第一五号　明治四一年一一月一五日)で第一等を受賞した咲子「後三年日記」は、名古屋の女学校を卒業して地方で暮らす中で送られてきた校友会雑誌を読んだ時の心情を描いたものである。咲子は同級生の女子大学進学や小学校教員としての近況報告・出産体験談などを読み、「曾ては同じに摘んだ教へ艸の、おのがじゝ花となり実となつて、様々の階級、様々の境遇に咲きつ香りつして居る」ことを実感した。しかし友人の活躍を素直に喜べない咲子は、その心境を次のように述べたのである。

> 三年前に自分の胸に湧き返つてゐた理想よ空想よ、みんな儚い泡沫夢幻と消えて床しい懐しいと思つたお友達の方々が、皆立派なお身の上となつたのを想像しては、済まない事ながらお羨しいと云ふ境は通り越して妬しいといふ感じも起り、暫くは恍惚してゐたがあゝ自分の心は何時か僻んで来たと見える

図7　卒業後の同級生（『女学世界』第9巻第4号　明治42年3月1日　国立国会図書館所蔵）

「儚い泡沫夢幻と消え」た「理想」「空想」について咲子は具体的に述べていないが、夫と娘仙との現実の生活が「三年前の自分の胸に湧き返つてゐた」「理想」「空想」とは異なることが、咲子が級友に嫉妬した理由である。また作品の中で咲子は、呉服屋の前でガラス越しに中の陳列品を眺めていたところ、「三年前お別れしたきりの野瀬常子さんが、丁度お買物の包を抱へながら出てゐらしつて、思はず見合す顔と顔、逃げ込む穴はあるまいか、この見すぼらしい姿を何としてお目に掛けられよう、顔はほてる、手足はすくむ」というほど慌てたことを書いている。校友会雑誌を読んだ時は「境遇をこそ造り出すべき人として、境遇のために弄ばれるやうな弱い心になるものか」と心に誓った咲子であったが、「常子さんは学校時代よりも一層御綺麗に一層人懐こしい方におなりの様である矢張り順境にお立ちの方は誰でもあゝしたものかしら」と常子を羨み劣等感を抱かずにはいられなかったのであった。

そこで咲子は、劣等感を払拭するために、自身の成長を次のように振り返ったのである。

私が此家へ来たばかりには、碌に出来もしない千家古流を振り廻して、この節ならば山茶花や菊の早咲をば、お銭の事は苦にせずに取り寄せてお床の間を飾ることに夢中になつてゐた（中略）学校に居る時分、家事の先生から、筍や松茸の御飯の炊き方は知つてゐても御病人のお粥の加減はとれず、生花丈けは十人並に出来ても仏の花の萎れたのには気が付かない様な事では一家の主婦として何等の価値もない人と云はねばなりませんと繰り返し〳〵お諭しがあつたが、ほんとに私もその価値のない一人であつた。

それが今ではお床の間もないこの侘住居、山茶花や菊は枝の持ち方さへ忘れた替り、お舅様お姑様へは忘れず

に供へる一銭五厘のこの花束

「お銭の事は苦にせず」「碌に出来もしない千家古流を振り廻」すことが「女学校出」の価値を顕示することであると考えていた咲子であったが、「侘住居」での生活で咲子は、「一銭五厘」の花を心を込めて仏前に供えることを学んだのである。そして咲子は自身の家庭に対する思いを次のように描き、作品を結んだ。

常子さんのお話を伺つても、外目からはお羨しい〳〵と思はれる方々のお身の上にもそれ相応の御苦労はあるもの（中略）楽しいやうな此侘住居に、旦那様も私も共々健康の賜を受けて、仙は日に増し可愛くなるばかり、暖かい春の光はいつも部屋にみち〳〵て居るのに、何として自ら蔑むやうな事があつてよからうと、今日は妙に力を得たやうな心持になつた

「旦那様も私も共々健康の賜を受けて、仙は日に増し可愛くなるばかり、暖かい春の光はいつも部屋にみち〳〵て居る」という幸福な生活は、咲子が自らの手腕を以て築き上げた誇るべき財産である。「女学校出」に求められるのは、学校で学んだ通りの家事を実践して知識や技術を顕示することではなく、自らの境遇に愛着を持ち学校で学んだ知識や技術をいかに生かすかを模索しながら日常の家事にとりくみ幸福な家庭を築いていくことであると、咲子は三年間の営みの中から学んだのであった。咲子が作品の中でしばしば自他の境遇に言及したのは、家庭を形成するということは与えられた境遇に愛着を持ちその中で生きることであると、自らの言い聞かせるとともに『女学世界』の読者に語らんとしたからである。

また賤の女と称する『女学世界』の読者は、夫の勤務の都合上「絶えず田舎まはりのみ」する中で、「東海道五十三次も十時間余りで行ける世の中に、裁縫台所の事すべて女のする事といふと、行燈時代と同じことを瓦斯電気の下でして居る女の智識の割合に発達しないことがわかる」という思いを常々抱いていた。「賤の女」という筆名はこの

図8　ノートをみながら煮炊き
（『女学世界』第8巻第6号　明治41年5月1日　国立国会図書館所蔵）

ような思いが表れたものであるが、主婦としての自身の成長ぶりを次のように振り返り綴っている。

新婚当時は三度々々のおかづが心配で、勿論夫のすききらひも分らず（中略）毎日々々料理本とノートと首引計りして居たものだが、此頃は前日からお献立も考へて置かぬ事もあるけれども、肴屋の顔みてからでも思ひつく、とにかく姑のない花嫁時代の苦心だと思ふ、殊にお漬物などは沢庵も糠味噌もさわつて見たこともなく、夫のお友達からお国の大阪漬といふのはどんなですと訊かれて赤面した事もある。一体田舎の方は漬物はやかましくいろ〱の物をこしらへるが、都人は珍らしいものを買つてたべるから下手である、私もオムレツだのカツレツだのと、一通りの西洋料理は真似すれども、夫からナタ漬をこしらへてくれの浅漬がよいのといはれてほんとうに困つた[102]

「料理本とノートと首引」で学校で学んだことを実践することに懸命であった新婚当時に比べて、臨機応変に献立を考えることができるようになったことは賤の女の成長とよべる。学校で学んだ「オムレツだのカツレツだの」を作るよりも漬け物作りに長じる方が夫を喜ばせると気づき、また「珍らしいものを買つてたべる」という習慣を改めて「いろ〱の物をこしらへる」という土地の習慣に倣う姿勢は、「女学校出」に求められていたものであった。なお家族に求められる家事能力を身につけることは、家庭を形成するという営みそのものである。

「中流」の「奥様」

定期増刊号「マダム振り」（第一〇巻第二号　明治四三年一月一五日）で「妻となつた私の経験」が第四等に入賞したしぐれ女は官吏の妻で、結婚当時一五円であった月給の中から少しずつ必要な物を買い揃えて築いた現在の生活に対する自負心を次のように述べている。

仮令子供を負つておねぎ五厘、お豆腐一銭と、自分で買ひにいつても期限がきれて人様に顔赤らめてお断申上ねばならぬ借金といふものはなく、細く小さいながらにも人様と対等の権利を以て生活してゆかれる身は、いばつたものですよ。

（中略）

此小さい我家にあるもの、一として私等夫婦の努力でないものはなく、床の軸から台所の雑品まで、悉く思ひ出の種ならぬはない、此清いたのしい生活はどうして大厦高楼におすまゐになる方々の夢にも味ひ得られるものではありませぬ

しぐれ女は、「子供を負つておねぎ五厘、お豆腐一銭と、自分で買ひにい」く勤勉さが「人様と対等の権利を以て生活してゆかれる」ことを実現したととらえており、自らが築いた「生活」への自信と誇りをみてとることができる。「大厦高楼」に住むことが幸福と考えられがちな中で、しぐれ女は「一として私等夫婦の努力でないものはない、床の軸から台所の雑品まで、悉く思ひ出の種ならぬはない」ものに囲まれた生活で自らの家事の手腕を発揮することに満足したのであった。

家事への取り組み方については、しぐれ女は次のように述べている。

きのふ迄のお嬢様のやうにぼんやりして居ることは出来ませぬ、それは旧家の規則も正しい舅姑も丈夫で同棲し家風といふものがきちんと出来て居る家ならば兎に角、之から自分達で以て何もかも始めて作り出しさうして文明の家庭として遜色のないようにしようと思へば中々寸時も油断は出来ませぬ

図 9　八百屋で買い物（『女学世界』第10巻 第 2 号　明治43年 1 月15日　国立国会図書館所蔵）

しぐれ女の家庭作りには、「旧家の規則」「家風」など拠るべきものはない。しかししぐれ女は「旧家の規則」に拘束されない家庭を「文明の家庭」とよび、その形成を担うことを自負したのである。「文明の家庭」の担い手のあるべき姿について、しぐれ女は次のように述べている。

> 一家の主婦はどんな場合にもいつも快活でなければいけないと思ひますわ、上流社会ならばいざしらず、中流で今時幸福な奥様にならうと思へば人の見ない所で十分働かねばなりません。だから時によつては下女の代にもなりませうし馬丁にもなり、書生にもなり、さうして上表では上品なおとなしい、奥様とならねばなりませぬ、併し真におとなしい上品にばかりして居つては、さうして此生活難のはげしい世に処して夫に後顧の憂なからしむる丈の立派な主婦となれませうか。

しぐれ女は自らの境遇を「中流」とよび、「上流社会」の「奥様」とは異なり「下女」「馬丁」「書生」のいずれの役割もこなさなければならないことをあげている。そしてこのように多様な役割を担って「人の見ない所で十分働く「中流」の「奥様」の勤勉さや、「生活難の激しい世に処」する手腕を「文明の家庭」の担い手の資質ととらえ、「上流社会」の「奥様」より秀でた点として誇ったのであった。またこのような中でも「いつも快活」「上表では上品なおとなしい、奥様」であることは秀逸な家事の手腕により忙殺されることがない証左であり、女の眼からみて魅力的な「良妻賢母」であると言える。

　また定期増刊号「嫁に行く人」（第九巻第一五号　明治四二年一一月一五日）で第三等を受賞した松風「私のは平凡」は、妻としての理想的なあり方を次のように述べている。

いくら世話女房だとて、世帯話の持ち切りでは、糠味噌臭いと嫌はれますわ、主人が外から帰る頃には、髪でも梳で付て着物も着直し、座敷の掃除もして花の一つも活け子供が有れば早い目に乳を飲ませて機嫌よく遊ばせ、綺麗さつぱりとしてお待ち申す、お勤め向きのお話でも、商用のお話でも、差支ない程にお相手をし、お好きな酒肴を手拵て、静に夕飯を上る様にすれば、あ、家庭は楽園なるかなと、お思ひ成れ外へ寄らうと思つても、あ、して待て居るものをと、つい家の方へ足が向く様に成り升。

松風が家事や育児の苦労を夫に見せないのは、夫に対する配慮であるだけでなく、妻・母としての役割を充分に果たす能力を備えてなおかつ余裕があることへの矜恃の表れである。また「髪でも梳で付て着物も着直し」「子供が有れば早い目に乳を飲ませて機嫌よく遊ばせ」て夫の帰宅を待つことや「お勤め向きのお話でも、商用のお話でも、差支ない程にお相手」をすることには、妻として夫と向き合いたいとの思いをみることができる。松風は「私のは平凡」という題をつけているが、「平凡」な日常生活を営む中で「糠味噌臭い」「世話女房」ではないことを秀でた点とし、「良妻賢母」たることを誇ったのであった。

女子教育の目的が「良妻賢母」の育成と位置づけられている中で、「女学校出」は「良妻賢母」たれという課題を直接受け止めた存在であったが、学校で教えられる知識や技術は「女学校出」を「良妻賢母」たらしめる術となっているとは言い難いのが現実であった。そこで『女学世界』の読者は、自らの日常の営みを綴り互いに問いかけ合う中で、「良妻賢母」にふさわしい日常生活のあり方や家事の手腕・心構えなどを見出し、「良妻賢母」たれという課題に応えようとしたのである。そしてその足跡を懸賞文に綴り投稿することは、「良妻賢母」としてのあり方を切磋琢磨し共有することであったのである。

註

（1）松崎天民「現代の女学生（十二）」『東京朝日新聞』明治四四年四月九日。
（2）「懸賞募集」より『女学世界』第九巻第四号　明治四二年三月一日。
（3）「読者倶楽部」より『女学世界』第一〇巻第三号　明治四三年二月一日。
（4）「現代の女学生（十五）」明治四四年四月一八日。
（5）川村邦光は雑誌の投書欄で読者が共通して用いていることば遣いを「オトメ体」とよび、それにより「想像の共同体」である「オトメ共同体」を形成していたと指摘し（『オトメの祈り』紀伊国屋書店　平成五年　一一一頁）、本田和子は投書欄においてペンネームを以て「少女共同幻想体」が形成されているとした（『女学生の系譜』青土社　平成二年　一八六～一八九頁）。また佐藤りかは、「オトメ体」の一つである「清い」という表現が「外部との境界線を際立たせるために用いられている」と指摘している（「『清き誌上でご交際を』—明治末期少女雑誌投書欄に見る読者共同体の研究」『女性学』第四号　平成八年）。しかしこれらの表現は懸賞文にはほとんど用いられておらず、投書の一部にみられるにすぎない。なお『女学世界』の「誌友倶楽部」では、懸賞文を応募する際の注意事項として、原稿用紙は使用しなくても良いが楷書で書くこと、ルビはなるべく振ってから応募すること、用紙はこよりで綴じること（ピンで留めている読者が多いが編集者がけがをしやすいのでやめること）といったことが注意されており、読者からの応募規定に関する質問も多い。雑誌への投書や投稿はこのようなルールを守ったうえでなされる営みであり、読者は自らの思いを折り目正しい言葉で綴っていたのである。
（6）「家庭日記（評）」『女学世界』第三巻第三号　明治三六年三月五日。
（7）「読者倶楽部」より『女学世界』第九巻第一三号　明治四二年一〇月一日。
（8）「読者倶楽部」より『女学世界』第九巻第一六号　明治四二年一二月一日。
（9）「読者倶楽部」より『女学世界』第九巻第一三号　明治四二年一〇月一日。
（10）「読者倶楽部」より『女学世界』第九巻第一四号　明治四二年一一月一日。
（11）「読者倶楽部」より『女学世界』第九巻第一六号　明治四二年一二月一日。
（12）山川菊栄「おんな二代の記」『山川菊栄集』6　岩波書店　昭和五七年　一一四頁。
（13）遠藤すみゑ「都にある妹の許に」『女学世界』第一巻第一五号　明治三四年一一月一五日。
（14）「読者倶楽部」より『女学世界』第九巻第一三号　明治四二年一〇月一日。

(15) 「読者倶楽部」より『女学世界』第一〇巻第二号　明治四三年一月一五日。
(16) 「読者倶楽部」より『女学世界』第九巻第一一号　明治四二年九月一日。
(17) 「誌友倶楽部」より『女学世界』第一〇巻第八号　明治四三年六月一日。
(18) 「読者倶楽部」より『女学世界』第一〇巻第一〇号　明治四三年八月一日。
(19) 「誌友倶楽部」より『女学世界』第一〇巻第三号　明治四三年二月一日。
(20) 「誌友倶楽部」より『女学世界』第一〇巻第八号　明治四三年六月一日。
(21) 「読者倶楽部」より『女学世界』第一〇巻第一〇号　明治四三年八月一日。
(22) 「読者倶楽部」より『女学世界』第一〇巻第一〇号　明治四三年八月一日。
(23) 「読者倶楽部」より『女学世界』第九巻第一三号　明治四二年一〇月一日。
(24) 「読者倶楽部」より『女学世界』第九巻第一四号　明治四二年一一月一日。
(25) 森銑三『明治東京逸聞史』2　平凡社　昭和四四年　一五三・一八〇頁。
(26) 「誌友倶楽部」より『女学世界』第一〇巻第四号　明治四三年三月一日。
(27) 「誌友倶楽部」より『女学世界』第一〇巻第三号　明治四三年二月一日。
(28) 明石女子師範学校では校友会に園芸部を設け、植物園や菜園の手入れ及び育てた花を教室に飾ることを任務とした（『回顧三拾年』　三六〇～三六二頁）。また日本女子大学校の寮では園芸係が毎月五銭徴収して花の種子や苗の購入・管理を担当し、趣味係は栽培した花を寮に飾ることを任務としていた（百済半人『女学校物語』培風館　大正八年　一〇五～一〇九頁）。
(29) 氷室浪子「家庭日記」『女学世界』第三巻第三号　明治三六年三月五日。
(30) 田中瑜嵯子「家庭日記」『女学世界』第三巻第二号　明治三六年二月五日。
(31) すみ子「家庭日記」『女学世界』第三巻第一一号　明治三六年九月五日。
(32) 椿窓「絶えず餓ゆる若き妻の境遇」『女学世界』第九巻第四号　明治四二年三月一日。
(33) 「読者倶楽部」より『女学世界』第一〇巻第八号　明治四三年六月一日。
(34) 「誌友倶楽部」より『女学世界』第一〇巻第四号　明治四三年三月一日。
(35) 「誌友倶楽部」より『女学世界』第一〇巻第三号　明治四三年二月一日。
(36) 「読者倶楽部」より『女学世界』第九巻第一一号　明治四二年九月一日。

(37)「誌友倶楽部」より『女学世界』第一〇巻第四号　明治四三年三月一日。
(38)「誌友倶楽部」より『女学世界』第一〇巻第四号　明治四三年三月一日。
(39) 大塚楠緒子「最近の日記」『女子文壇』第四増刊附録　明治四二年一一月一五日。
(40)『女学世界』は第一三巻第二号（大正二年一月一五日）で定期増刊号「新しい女と古い女」を世に送った。
(41) あざみ「平塚らいてふ氏に与ふ」『女学世界』第一三巻第五号　大正二年四月一日。
(42) 瀧夜叉「白粉流し」『女学世界』第一三巻第一号　大正二年一月一日。
(43) 京都大学事務局庶務課編『京都大学卒業生氏名録』京都大学　昭和三一年　六一頁（一宮栄誠の名で掲載）。一宮は京都文学会編『芸文』に「家の内」（第二年第一号　明治四四年一月、メーテルリンクの翻訳）や「三つの死」（第二年第三号　明治四四年二月、トルストイの翻訳）など数編を学生時代より発表していた（ここでは一宮栄と記名）。
(44) 磯千鳥はほかに一宮きよ子・曙内侍などの筆名を用いていた。
(45) 大正三〜四年にかけて『新真婦人』で「玉露女」の筆名を持つ寄稿者が活躍しており、『女学世界』における玉露と内容・文体が似ているため同一人物と考えた。『新真婦人』第二二号（大正四年二月一日）には写真も掲載されている。また『女子文壇』第四増刊附録（明治四二年一一月一五日）に掲載された玉露女「良人の留守居する円満なる家庭」では、『女学世界』の定期増刊号「滑稽知恵競べ」（第九巻一二号　明治四二年九月一五日）に応募した「温泉場の滑稽」について述べている。
(46) 森明「野菊」『月光の光』東亜堂書房　明治四一年　四頁。
(47) 内藤に関する先行研究としては、高野修「内藤千代女・聞書」（『さるびや』第八号　昭和四五年）が生い立ちと著書の出版について論じているほか、「内藤千代子の墓」（『湘南朝日新聞』昭和五六年九月七日）・高木和男『鵠沼海岸百年の歴史』（鵠沼書店　昭和五六年）が『女学世界』で活躍した後の内藤の出産や遺作となった『毒蛇』について述べている。また「湘南異聞」（『湘南朝日新聞』昭和四五年八月三〇日）・今井達夫「鵠沼にゐた文人」（『日本の風土記　湘南・箱根』宝文館　昭和三五年）は、雑誌への投稿から小説家となった経歴を以て吉屋信子のような流行作家と紹介している。なお森銑三は内藤を随筆家ととらえ、「その筆には才気が煥発してゐて、若い人達の心を捉へるものがあった」と評価している（森銑三『森銑三著作集』続編　第六巻　中央公論社　平成五年　二二二頁）。一方板垣直子は『明治・大正・昭和の女流文学』（桜楓社　昭和四二年）で内藤を「『マス・コミ』の才女」と評価し、横田順弥は『明治時代は謎だらけ』（平凡社　平成一四年）で「少女小説作家」とよんでいるが、いずれも『女学世界』の寄書家としての実績をふまえた評価ではない。

(48)「新聞雑誌の愛読者」（『滑稽新聞』明治四〇年七月二〇日）は、『女学世界』の読者として「男学生」をあげており、『女学世界』が男子学生にも関心を持たれるものであったことを示している。

(49)『大阪毎日新聞』は、「鵠沼の浜在所からピヨツコリと出現して百万子女の血を湧かさせる奇態の腕ぶし」を備えていることを、内藤を「謎の少女」とよんだ理由としてあげている（大正元年一一月一七日）。地方に住む学歴のない少女が強い影響力を放っていることが注目されていたのであった。

(50)河岡潮風は「謎の女内藤千代子」（『新公論』第二六巻第八号　大正元年八月）で、「誰の入智恵もなく文を草して今日に及びける」ことが「謎」であると述べている。

(51)『女学世界』では寄書家に生い立ちについて執筆させ、寄書家への関心を喚起することを意図していた。ほかに磯千鳥「思ひ出の記」（第一五巻第六～八号　大正四年六月一日～八月一日　全三回）・野菊「揺籃記」（第一四巻第六号　大正三年四月一〇日）が掲載されている。

(52)『スヰートホーム』は初版三千部を刊行した（『女学世界』第一一巻第一四号　明治四四年一一月一日）。

(53)『女学世界』第一三巻第一二号（大正二年九月一五日）は、『スヰートホーム』が二六版、『ホネームーン』が一二版、『エンゲーヂ』が九版を数えたことを報じている。

(54)学校へ行かなかった理由について内藤は、「父は切角これまでに丹精したものを手放すのが惜しい」「私が世間見ずの利かン坊で、容赦なく誰とでも喧嘩する」ことをあげている（『生ひ立ちの記』三三頁）。一方内藤は父親の病状の悪化により当時家業としていた養鶏を担わなければならなかったことも『生ひ立ちの記』に記しており（六六～六七頁）、学校へ行けなかった要因であったと思われる。

(55)『生ひ立ちの記』三六～三七頁。

(56)『生ひ立ちの記』四五頁。

(57)『生ひ立ちの記』三五頁。

(58)『生ひ立ちの記』六〇～六二頁。

(59)担当記者「閨秀小説一覧評」『女学世界』第五巻第六号　明治三八年四月一五日。

(60)『女学世界』では、「赤十字社の準備」「米国看護婦の義挙」「軍陣看護婦ナイチンゲール」（第四巻第二号　明治三七年二月五日）など看護婦に関する記事を多く掲載している。また読者からの投稿にも看護婦を描いたものがみられる。

(61)『生ひ立ちの記』六三頁。
(62)『生ひ立ちの記』七八頁。
(63)「短文」は三〇〇字以内ではがきで応募することとなっている。また賞金は一等一円、二等五〇銭、三等三〇銭の図書切符とされていた（『女学世界』第八巻第九号　明治四一年七月一日）。
(64) 内藤千代子「田舎住の処女日記」『女学世界』第八巻第一五号　明治四一年一一月一五日。
(65)『生ひ立ちの記』八九頁。博文館は明治四二年に『藤村集』、四五年に『食後』を刊行している。いずれも詩集ではないが、内藤はどちらかを購入したと思われる。
(66)『生ひ立ちの記』八七頁。
(67)『生ひ立ちの記』八八頁。
(68) 紅野謙介「懸賞小説の時代―文学への投機」『語文』第一一三号　平成一四年。
(69)『生ひ立ちの記』九一頁。
(70) 千代子「霜月日記」『女学世界』第八巻第一六号　明治四一年一二月一日。
(71)『生ひ立ちの記』九一～九二頁。
(72)『生ひ立ちの記』九三頁。
(73)『生ひ立ちの記』九三～九四頁。
(74) 内藤は、「田舎住の処女日記」で第三等を受賞し「思い出多き函嶺の湖畔」で第一等を受賞するまでの間に九編の作品が『女学世界』に掲載されている。この間『女学世界』は一八冊を刊行しており、内藤の作品は二号に一回の割合で掲載されたことになる。内藤が『女学世界』への投稿に熱中していたことが分かる。
(75) 第二等を受賞した野菊「新奥様訪問記　マダムぶられの記」は、使用人を雇い恵まれた境遇にある「マダム」と、小学教師の妻として女中を雇わず自ら家事をこなす自身の主婦ぶりを対比しながら描いた（第四章第三節）。また第三等を受賞した水仙女史「当世新奥様の面影」は新婚の友人の家庭の様子を描き、同じく第三等を受賞した菱花「当世マダム気質」も友人の境遇と比較しながら主婦としての日常を記しており、「マダム振り」の入賞作品のほとんどが日常の家事のあり様やそれをめぐる心情・結婚観などを描いたものであった。
(76) 無名氏「スイートホーム」『女学世界』第一〇巻第五号　明治四三年四月一日。

(77)「誌友倶楽部」より『女学世界』第一〇巻第三号　明治四三年二月一日。
(78)「誌友倶楽部」より『女学世界』第一〇巻第五号　明治四三年四月一日。
(79)「読者倶楽部」より『女学世界』第一〇巻第八号　明治四三年六月一日。
(80)「女子の学問」『婦女雑誌』第二巻第九号　明治二五年五月一日。
(81) 葛巻星淵『小星』中庸堂　明治三七年　四七頁。
(82) 翠楊子『新式記事文』春江堂書店　明治四五年　七三頁。
(83) 松原岫雲「磯千鳥氏の事ども」『女学世界』第一九巻第三号　大正八年三月一日。
(84) 内藤の妹かめ（内藤が六才の時に出生）が墓参をしなかったのは、姉千代子に対する反発が原因であったと考えられる。かめは市内の染め物屋に嫁ぎ、後に店舗が御殿場に移転したため藤沢を離れたが、以前にかめに対し聞き取り調査を行った高野修氏は、かめが内藤の生き方に反発しクリスチャンになったことを筆者に語った。雑誌への投稿で脚光を浴び小説家の地位を得たというよりも、青年との交際を赤裸々に描いて雑誌に投稿し、佐伯との不倫の末二度までも子どもをもうけ、病いを得て小説を書けなくなった内藤の妹としてみられることがかめにとって堪え難いことであったことは想像に難くない。
(85) 高木和男『鵠沼海岸百年の歴史』鵠沼書店　昭和五六年　一八二頁。
(86)『東京パック』第二巻第五号　明治三九年四月一日。
(87)「家事科の教員（社説）」『婦女新聞』第六〇三号　明治四四年一二月八日。
(88) 学校教育における学科名は家事であるが、教科書の名称には家事・家事科のほかに家政学の語を付したものもみられる。上田万年『大日本国語辞典』（冨山房　大正四年）は家政を「一家のとりしまり。一家の経済。「内政」、家事を「一家の用事。家内の事」と述べており、家政は管理・監督などの役割を含むものであったことが分かる。家政学の語を付した教科書は漸減しており、その一因として下女などを使役するよりも自らの手で家事を担うことが多くなってきたことが考えられる。
(89)「家事科の問題（社説）」『婦女新聞』第六〇二号　明治四四年一二月一日。
(90)『東京パック』第二巻第二号　明治三九年一月一五日。
(91) 内藤千代子「夢より醒めた女」『女学世界』第一一巻第二号　明治四四年一月一五日。
(92) 清水美知子『〈女中〉イメージの家庭文化史』世界思想社　平成一六年　五〇～五一頁。
(93)『新家庭論』九五頁。

(94) 野菊「髷の女」『女学世界』第一三巻第七号　大正二年五月一五日。
(95) 野菊女「小学教師の妻の日記」『女学世界』第九巻第二号　明治四二年一月一五日。
(96) 野菊子「約婚日記」『女学世界』第八巻第五号　明治四一年四月一日。
(97) 桃割式部「嫁入前のお嬢さん」『女学世界』第九巻第一四号　明治四二年一一月一日。
(98) 「家庭好み晩餐三品料理懸賞募集」『女学世界』第八巻第一一号　明治四一年九月一日。
(99) 「懸賞諸国珍菜晩餐料理」『女学世界』第八巻第一四号　明治四一年一一月一日。
(100) 野菊女「目前の教訓」『女学世界』第一〇巻第一五号　明治四三年一一月一五日。
(101) 「読者倶楽部」より『女学世界』第一一巻第三号　明治四四年二月一日。
(102) 賤の女「今様女房気質」『女学世界』第九巻第四号　明治四二年三月一日。

終　章　「良妻賢母」を描く

本書は、「良妻賢母」たれと期待される中で生きる場を築き自己実現を果たそうとした女の多様な姿を描き出したものである。ここでは、その成果を章毎に述べていくこととする。

第一章では、日本が文明国をめざす中で展開された「女学」の雑誌をとりあげ、そこで提示された女のあり方を明らかにした。明治一〇年代後半に創刊された『女学新誌』『女学雑誌』は、文明化を実現するために女を「改良」することをめざして「女学」を展開し、家庭の担い手という役割を全うしながら社会的な活動にも関わるという欧米のキリスト教社会の女を範とした。また明治二〇年より博文館から刊行された「女学」の雑誌は、日本の女として必要な知識や技術・心構えなどを身につけるとともに、日常の営みを文明の時代にふさわしいものへと「改良」し得る女の育成をめざした。そして進学や就業などにより女の生き方や役割が多様化した明治三〇年代以降になると、女は「女学」の雑誌を場として日常生活や自らの考えを描きその可否を問いかけ合う中で、いかにあるべきかを模索するようになったのである。このような営みは、近代日本の形成という課題を多くの女が己のものとしてとらえるようになった証左としてあげることができる。

第二章では、女子教育機関の寄宿舎、裁縫女学校や女子職業学校をとりあげ、女子教育においていかなる女を育成する営みがなされていたのかを明らかにした。多くの女学生にとって生活の場となった寄宿舎では、割烹や家事経済・裁縫など家庭の担い手として必要な技術を学ばせるための試みが行われ、「良妻賢母」の育成という役割を担っていた。なおこのような試みは、「女学校出は飯も炊けない」という批判の解消を意図するものでもある。また女子職業学校や裁縫女学校は裁縫や刺繍などの技術の教育に終始するのではなく、高等女学校などと同様の学科目を設けて女の学びの場としての役割を担い、生活の糧を得る術を備えた「良妻賢母」の育成をめざしていた。女子職業学校が「一芸の士」たる「良妻賢母」の育成を目的としたように、女は実業において役割を果たして生活の資を得、家庭の担い手という役割を全うすることが求められていたのである。

第三章では、女は家庭の担い手という役割をいかに果たすことが求められていたのかを明らかにした。近代社会において家庭は社会の基礎とされ一家団欒はその象徴的な光景と位置づけられていたため、一家団欒の創出は家庭の担い手という使命を全うするうえで欠かせないことであった。本書では、女は一家団欒の形成という役割を担うことを通して家庭の担い手としての地位を築き、「女大学」の規範を乗り超えていくことが期待されていたことを明らかにした。また家庭の担い手という役割を全うするために生活の糧を得るという働きの中で、勤倹と忍従のみを求める「女大学」に替わる新たな女のあり方が提示された一方で、家庭を担うという営みが「イエ」を支えるという意識に基づいてなされたものであったことも指摘した。

第四章では、『女学世界』を資料とし、読者がどのように生きる場を築きいかなる女たらんとしていたのかを明らかにした[1]。多くの女にとって雑誌の購読は知識や友を得る機会であり、雑誌に投稿・投書することは自らの思いを読者と共有する中で生き方を模索することであった。そして女子教育で示された「良妻賢母」像と現実の家庭における女の日常には違いが多く、「女学校出」は学校で教えられた通りの「良妻賢母」たり得ていないという現実の中で、『女学世界』の読者は家庭の担い手としてのさまざまな試みを綴って投稿しその可否を問いかけ合うことにより、「良妻賢母」たらんとしたのである。社会の変化に伴い女の境遇が多様化する中では、このように自ら理想像を描き出すことが求められていたのであった。

序章でもあげたように、従来「良妻賢母」とは、「家事使用人を抱えた家族にあって、舅姑と同居し、夫や舅姑に従順につかえ、子を育て、教育し、家政を管理できる女性、家事・育児が国家・社会の基礎であることを認識し、国民としての自覚を持ち合わせた女性、万一の場合に備えて職業能力をも培っている女性」であるとされてきた。(2) しかし、「舅姑」より引き継いだ生活の基盤とよべるものがないため夫の給料をやりくりして鍋釜を買い揃えるところから生活を形作り、「職業能力」は「万一の場合」のためではなく生活費を稼ぐために現実に求められていたのである。このような中で「良妻賢母」という規範は、女の言動を規制するものではなく、女がそれぞれの境遇の中で自らを有為な存在たらしめる途を模索する手がかりとしての役割を担った。そして、女はそれぞれの境遇の中で生きる場を築き「良妻賢母」としての自己実現の途を模索したのである。

なお女が自らの手で理想像を描き出すためには、筆を執り自己主張するということが女の営みとして確立されることが不可欠である。しかし「四行」の一つである「婦言」は、末松謙澄が「口を開くに常に善き言葉を選びて、聞き苦しき事を言はず、言ふべき時に言ひて、誰が聞きても厭はしからぬを婦言といふ」と述べたように、(3) 適切な言葉遣いを求める中で寡言を良しとし自己主張を戒めるものであった。「女大学」においても、「言葉を慎みて多くすべからず」と述べられている。(4) 女が書を読み文を綴ることが批判されていたことも先にみてきた通りであり、女が筆を執るということは雑誌『青鞜』において展開された主張のように、女をめぐる規範に対して反論し闘うという目的を持つと従来は位置づけられてきた。

しかし自らの営みを誌上で共有するという行為は、女がそれぞれの境遇の中で「良妻賢母」としての使命を果たし、それにより時代の子たらんとする思いに支えられた営みであったのである。(5) 雑誌への投稿がこのような真摯な思いに支えられたものであるからこそ、読者は優れた投稿作品の背後に執筆者の人格を見出し、女を鼓舞する文章を編み出す寄書家に「白ゆり」というイメージを抱いたのであった。このように「婦言」の新たなあり方を築いたことは、女が自らの手で生き方を模索するという営みを手にするうえで欠くべからざることであったのである。

最後に、本書で至らなかった点および本書によって新たに得た課題をあげてしめくくりとしたい。

一、本書では「良妻賢母」という規範の実態を明らかにすることを試みたが、母としてのあり方についてはほとんどとりあげることができなかった。この問題をとりあげるためには、新たな資料の模索から始める必要がある。また「良妻賢母」について論じるうえで「新しい女」を視野に入れておくことは欠くべからざる問題であるため、この点も今後の課題としたい。

二、本書では読者が描いた世界を実態をふまえたものと位置づけ解釈したが、今後も読者に対する理解を深める中で投稿作品を読んでいくことを心掛けたい。『女学世界』の投稿者については、本名・略歴などを明らかにするための調査は引き続き行っていくつもりであり、(6)『女学世界』を資料として活用する方法についても模索を続けていきたい。

三、女子職業学校についてはわずかに数校の例をとりあげたにとどまっており、全国的な展開の過程や学校数については調査が及ばなかった。今後は全国の女子職業学校の実態を明らかにすることから着手し、その教育内容についても詳しく調査していきたい。

四、卒業論文（平成三年一二月提出）では明治三〇から四〇年代、中間評価論文（平成五年一二月提出）では明治四〇年代〜大正中期を研究対象とし、博士論文では明治一〇年代〜明治末までをとりあげたが、博士論文では中間評価論文をふまえて大正期を視野に入れて論じることができなかった。今後も明治期を研究対象としていきたいと考えており、大正期への展開をふまえて考察していけるよう研鑽を積むことが課題である。

五、博文館が明治二〇年代に刊行した『日本之〜』という一連の雑誌については、『日本之女学』以外はほとんどふれることができなかった。この時期、全国各地で『(地名)の〜』という雑誌が刊行されており、関連を視野に入れながら個別な調査を積み重ねていきたいと考えている。今まで婦人雑誌を中心に研究を行ってきたが、今後はその経験を生かしながら新たな資料との出会いを求めていきたい。

註

（1）村上信彦は『明治女性史』（理論社　昭和四四～四七年）で女性史が解放史として論じられてきたことに異議を唱え、「すべての時代の人々はじぶんの人生駅で下車したのである。（中略）埋草であってよい人生はひとつもなかった。」と述べている（上巻　三～四頁）。女が描いた世界を共感を以て読み取ることは、「じぶんの人生駅」で誇りを持って生きようとした先人の足跡を後世に伝えることであると考えている。

（2）『良妻賢母という規範』二一〇頁。

（3）『修身女訓』巻之三　一四丁。

（4）『女大学集』四六頁。

（5）大越愛子は『近代日本のジェンダー―現代日本の思想的課題を問う』（三一書房　平成九年）で、「日本の近代化において、男性知識人による様々なジェンダー・イデオロギーが提唱された。（中略）女性たちは、このように強要されたイデオロギーに反発しつつ、彼女たちの日常感覚とセクシュアリティに基づく生の可能性を求めて闘った」と述べている（一九八頁）。本研究では、「男性知識人」が論じた「女学」を手がかりに途を拓いた女の歩みを示したが、その内実は「反発」や闘いなどと表現されるものではなく、このような手段をとらずとも女が生きる場を築くことは可能であると考える。

（6）本文中でとりあげた以外の『女学世界』への投稿者のうち、本名・略歴などが判明したのは以下の通りである。

・水橋康子（明治一二年一〇月一日～昭和一六年八月二二日）・後に長谷川時雨として『女人芸術』の編集などで活躍。定期増刊号「磯ちどり」（第一巻第一五号　明治三四年一一月一五日）に応募した「うづみ火」が天賞を受賞し、明治三六年頃まで『女学世界』で活躍した。「うづみ火」は長谷川の処女作とされている。「うづみ火」の入賞に関する思い出を、「処女《ママ》上演当時の思ひ出」（『文章倶楽部』第一二巻第一一号　昭和二年一一月）・「うづみ火の記」（『婦人公論』第二四巻第一〇号　昭和一四年一〇月）に綴っている。

・翠子（明治一八年五月一七日～昭和三五年二月一六日）・後に歌人として活躍した杉浦翠子。女子美術学校・国語伝習所などで学ぶ。明治四〇～四一年頃小説や訪問記などを『女学世界』に寄稿している。なおこの時期には、『女子文壇』などにも投稿し小説などを執筆していた。

・田中古代子《こよ》（明治三〇年三月一〇日～昭和一〇年四月二〇日）：鳥取技芸女学校を病気のため中退。鳥取県の文学雑誌である『我等』に入会した際、「閨秀作家中の俊才として『女子文壇』『女学世界』などと云ふ中央文壇で評判が高いといふことです」と紹介されている（大正四年九月）。『女学世界』では大正二年に俳句・和歌などが掲載された。大正四年に山陰日日新聞社へ入社して鳥取県初の婦人記者となり、後に小説も執筆している。結婚後涌島古代子となった。

・渡辺たみ子（生没年不詳）：定期増刊号「花にしき」（第三巻第四号　明治三六年三月一五日）に応募した「はなすみれ」が入賞するなど明治三六～七年頃懸賞文で活躍し、大正八年頃から再び寄稿がみられるようになった。また『大阪朝日新聞』に「女ゆゑに」を寄稿し（大正九年一月一日）、大正九年頃の『淑女画報』に京都帝国大学工学博士渡辺俊雄夫人としてしばしば登場している。若い頃は懸賞文に挑み、後には関西の名流婦人として寄稿をするようになったと考えられる。

あとがき

本書は、平成一八年一二月に北海学園大学に提出した博士学位申請論文「明治期の婦人像」に修正と補足を加えたものである。大学入学当初より明治期の婦人雑誌に興味を持ち、そこで女の役割について論じられているのを眼にした私は、女が重要な役割を担い期待される存在であったのを知ってうれしくなり婦人雑誌の魅力にとりつかれた。さまざまな知識を与え社会に眼を開かせようとするのみならず、家事や日常の立ち居振る舞いに至るまであらゆることを指南する婦人雑誌を、明治の女はどのように読み日常生活に生かしたのだろうかと想像をめぐらすと心が躍った。そして私は平成一〇年に『女学世界』と出会い、自らのあり方を模索し文章に綴り投稿するという女の存在を知ったのである。『女学世界』との出会いから博士論文完成まで八年を要し、転職・入退院を繰り返したこともあったが、そんな私を支えてくれたのは『女学世界』に投稿した女達であった。彼女達の声を聴きたい、その思いを理解し今の世に伝えたいという思いだけで日々を過ごしてきたように思う。

一方所謂「女性史」の分野では、私が婦人雑誌でみたのとは異なり、女は差別・抑圧されたいわばかわいそうな存在として論じられていた。また大多数の女にとっての日常である家事・出産・育児などを拒否した女のみが讃美されていた。このような「女性史」からは女の日常生活やそこでのさまざまな思いはみえてこないし、何よりもかわいそうな女の歴史なんてつまらない。そこで私は、生き生きと日常生活を営む女の姿を描き出し、それを女の歴史としたいと思ったのである。

この課題にとりくむためのキーワードとして、私は「良妻賢母」を選んだ。「良妻賢母」の語義については本文中で述べたので省略するが、従順で家族のために自らを犠牲にする女というイメージがもたれており、従来かわいそうな女の歴史が述べられてきた一因はこのような「良妻賢母」のイメージにあると考えたからである。しかし私は、女を「良妻賢母」たらしめんと尽力した人々の論考から、「良妻賢母」として果たす役割に大きな期待が寄せられ「良妻賢母」たれという命題が女に自負心を抱かせるものであったことを知ることができた。そこで私は、「良妻賢母」たらんとする女の自負心を読み解くことにより、「良妻賢母」という規範の中で時代の子として誇りを持って生きようとした足跡を女の歴史として提示することを試みたのである。

この試みの成果は微々たるものであるが、日本が近代社会を築くうえで女は重要な役割を担い、「良妻賢母」たれという期待に応え日常生活を営むことが女にとって誇るべきことであったことは示し得たと思っている。また社会に眼を開き生きる場を築こうとした女の姿も私なり描けたと思う。今後も、時代の変化への眼を持ち実直に日常生活を営んだ女の声に耳を傾け、明治という時代を生きた女の世界を描き出していきたい。

なお、本書の初出または関連論文は以下の通りである。

第一章　「『女学世界』にみる『女学』」『年報　新人文学』第一号　平成一七年　北海学園大学

第二章第三節　「札幌区立女子職業学校の設立と展開」『札幌の歴史』第四九号　平成一七年　札幌市教育委員会

第三章第一・二節　「『家庭』の『趣味』としての園芸―『婦女新聞』の例をとりあげて」『日本文化研究』第六号　平成七年　筑波大学大学院博士課程日本文化研究学際カリキュラム

第四章第二節　「『女学世界』における内藤千代子」『藤沢市史研究』第三九号　平成一八年　藤沢市文書館

博士論文を執筆するということは、恵まれた環境なくしてなし得ないことであった。『女学世界』という資料との出会いがあり、その他の資料調査においても多くの方から助言や励ましの言葉をいただいた。さらには筑波大時代からの恩師である大濱徹也先生に北海学園大学で再びご指導いただく機会を得、同大学の充実した指導体制と恵まれた研究環境の中で三年間学生生活を送り研究に専念できたことにより、修士号取得より一二年を経てようやく論文をまとめることができたのである。特に、拙くとも自らの世界を築くことの大切さを説く大濱先生のご指導とご理解なくして博士論文にとりくむ勇気は持ち得なかったと思っている。また北海学園大学でご指導いただいた野坂幸弘先生には近代文学の知見から助言をいただいたほか、文体などについても多くのご指摘をいただいた。そして濱忠雄先生には、近代とは何かといった根本的な問いかけを何度となくいただき、自分が何を主張したいのかを見直す好機となった。また職が定まらず転居を繰り返す私にあきれることなくつきあってくれた友人の存在は大きく、特に妻・母としての強く優しい姿を見せてくれる友人は私の研究課題が間違っていないことを確信させてくれた。本書の刊行を以て、少しでも感謝の念をお伝えできれば幸いである。

本書の刊行は私にとって研究者としての第一歩に過ぎず、今後は博士論文の執筆を通して得た課題を解決していくことが使命であり、それを達してこそ博士号の意義があると考えている。博士論文の執筆ならびに本書の刊行を支えてくださった皆様に、今後さらなる精進をすることを誓いしめくくりとしたい。

平成二〇年八月

仙波千枝

主要参考文献

新聞

『因伯時報』因伯時報社（鳥取県立図書館所蔵）
『大阪朝日新聞』朝日新聞社（マイクロフィルム）
『大阪毎日新聞』毎日新聞社（マイクロフィルム）
『滑稽新聞』大阪滑稽社（複製　筑摩書房　昭和六〇年）
『山陰日日新聞』山陰日日新聞社（米子市立図書館所蔵）
『湘南朝日新聞』湘南朝日新聞社（藤沢市総合市民図書館所蔵）
『東京朝日新聞』東京朝日新聞本社（複製　日本図書センター　平成四～一四年）
『東京日日新聞』（マイクロフィルム）
『平民新聞』平民社（複製　創元社　昭和二八年）
『北海タイムス』北海タイムス社（マイクロフィルム）
『北海道毎日新聞』北海道毎日新聞社（マイクロフィルム）
『郵便報知新聞』報知社（複製　柏書房　平成元年）
『明治の読売新聞』読売新聞社（ＣＤ－ＲＯＭ　読売新聞社　平成一一年）

雑誌

『家庭雑誌』民友社（複製　不二出版　昭和六一年）
『教育時論』文部省（複製　雄松堂書店　昭和五五年）
『芸文』京都文学会（マイクロフィルム）
『自彊』札幌区立（市立）女子職業学校・札幌市立高等女学校（北海道札幌東高等学校所蔵）
『時事新報』時事新報社（複製　龍渓書舎　昭和六一年）

『淑女画報』博文館（神奈川近代文学館所蔵）
『女学雑誌』女学雑誌社（複製　臨川書店　昭和四二年）
『女学新誌』修正社（明治文庫・国立国会図書館所蔵）
『女学世界』博文館（神奈川近代文学館・国立国会図書館・三康図書館・明治文庫所蔵）
『女鑑』女子新聞社（複製　大空社　平成二〜五年）
『女子文壇』女子文壇社（マイクロフィルム）
『大帝国』博文堂（マイクロフィルム）
『大日本農会報』大日本農会（北海道大学附属図書館所蔵）
『東京経済雑誌』東京経済雑誌社（複製　明治文献　昭和四八年）
『東京パック』東京パック社（複製　龍渓書舎　昭和六〇〜平成一二年）
『日本大家論集』博文館（札幌大学所蔵）
『日本之女学』博文館（明治文庫・国立国会図書館蔵所蔵）
『日本之文華』博文館（明治文庫所蔵）
『婦女雑誌』博文館（明治文庫・国立国会図書館蔵所蔵）
『婦女子』博文館（明治文庫所蔵）
『婦女新聞』婦女新聞社（複製　不二出版　昭和五七〜六〇年）
『北海之教育』北海道教育会（複製　文化評論社　昭和六〇年）
『明六雑誌』（複製　立体社　昭和五一年）
『我等』鳴潮社（鳥取県立図書館所蔵）

著　書（編著者名五十音順、刊行年順）

青木保ほか編『女の文化』岩波書店　平成一二年
青山なを『安井てつ伝』岩波書店　昭和二四年（伝記叢書81　大空社　平成二年）
青山なを『明治女学校の研究』慶応通信　昭和四五年

赤松良子編『日本婦人問題資料集成』3　ドメス出版　昭和五二年
飯島半十郎編『初学家事経済書』虚心堂　明治一五年
石井研堂『明治事物起源』橋南堂　明治四一年（『明治文化全集』別巻　日本評論社　昭和四四年）
石川松太郎編『女大学集』平凡社　昭和五二年
板垣直子『明治・大正・昭和の女流文学』桜楓社　昭和四二年
稲川明雄『龍の如く―出版王大橋佐平の生涯―』博文館新社　平成一七年
岩橋邦枝『評伝長谷川時雨』筑摩書房　平成五年
内田安蔵『家政要鑑』大日本家政学会　明治四〇年
内田安蔵編『婦人文庫』大日本家政学会　明治四二年
瓜生寅『通信教授女子家政学』普及社　明治二三年
大越愛子『近代日本のジェンダー―現代日本の思想的課題を問う』三一書房　平成九年
大槻文彦『言海』印刷局　明治二二年
大濱徹也『大江スミ先生』東京家政学院光塩会　昭和五三年
大濱徹也『女子学院の歴史』女子学院　昭和六〇年
大濱徹也・熊倉功夫『近代日本の生活と社会』放送大学教育振興会　平成元年
大濱徹也『明治の墓標―庶民のみた日清・日露戦争』河出書房新社　平成二年
岡満男『婦人雑誌ジャーナリズム』現代ジャーナリズム出版会　昭和五六年
小川菊松『日本出版界のあゆみ』誠文堂新光社　昭和三七年
奥野他見男『女学校出の花嫁さん』磯部甲陽堂　大正五年
落合浪雄『女子職業案内』大学館　明治三六年
嘉悦学園六十年史編集委員会編『嘉悦学園六十年史』嘉悦学園　昭和三八年
嘉悦孝子『怒るな働け』洛陽堂　大正四年
嘉悦孝子『家政講話』婦人文庫刊行会　大正五年
嘉悦康人『嘉悦孝子伝』嘉悦学園　平成七年

笠原一男編『目覚めゆく女性の哀歓』評論社　昭和五三年
金子幸子『近代日本女性論の系譜』不二出版　平成一一年
鹿野政直編『近代日本思想大系』三四　筑摩書房　昭和五二年
唐沢富太郎『学生の歴史』創文社　昭和三〇年
柄谷行人『近代文学の終り』インスクリプト　平成一七年
川村邦光『オトメの祈り』紀伊国屋書店　平成五年
川村邦光『オトメの身体』紀伊国屋書店　平成六年
神田喜四郎編『西洋野菜の作り方と食べ方』日本園芸研究会　明治三八年
京都大学事務局庶務課編『京都大学卒業生氏名録』京都大学　昭和三一年
共立女子学園百年史編纂委員会編『共立女子学園百年史』ぎょうせい　昭和六一年
近代女性史研究会編『女たちの近代』柏書房　昭和五三年
葛巻星淵『小星』中庸堂　明治三七年
百済半人『女学校物語』培風館　大正八年
久布白落実『新日本の建設と婦人』教文館　昭和六年
久布白落実『矢嶋楫子伝』日本基督教婦人矯風会　昭和三一年
後閑菊野・佐方鎮子『家事教科書』目黒書店　明治三一年
小杉天外『魔風恋風』中央公論社　昭和九年
小林重喜『明治の東京生活』角川書店　平成三年
小山静子『良妻賢母という規範』勁草書房　平成三年
小山静子『家庭の生成と女性の国民化』勁草書房　平成一一年
税所敦子編『明治文学全集』81　筑摩書房　昭和四一年
埼玉県立浦和第一女子高等学校創立九十周年記念誌編集委員会編『埼玉県立浦和第一女子高等学校創立九十周年記念誌』三陽社　平成二年
堺利彦『堺利彦伝』中央公論社　昭和五三年

堺利彦『新家庭論』講談社　昭和五四年
坂本清泉・坂本智恵子『近代女子教育の成立と女紅場』あゆみ出版　昭和五八年
桜井彦一郎『現代をんな気質』博文館　明治三三年
札幌市教育委員会編『新札幌市史』第八巻Ⅰ統計編　札幌市教育委員会　平成一二年
札幌市史編集委員会『琴似町史』札幌市　昭和三一年
篠塚英子『女性と家族』読売新聞社　平成七年
渋川柳太郎『東京名物』金尾文淵堂　明治四〇年
清水美知子『〈女中〉イメージの家庭文化史』世界思想社　平成一六年
下田歌子『良妻と賢母』冨山房　明治四五年
主婦の友社編『主婦の友社の五十年』主婦の友社　昭和四二年
新日本海新聞社編『鳥取県大百科事典』新日本海新聞社　昭和五九年
神野由紀『趣味の誕生―百貨店がつくったテイスト』勁草書房　平成六年
翠楊子『新式記事文』春江堂書店　明治四五年
末松謙澄『修身女訓』巻之三　精華舎　明治二六年
鈴木光次郎『明治閨秀美譚』東京堂書房　明治二五年
相馬黒光『黙移』女性時代社　昭和一一年（人間の記録26　日本図書センター　平成九年）
大日本家政学会編『家政要鑑』大日本家政学会　明治四〇年
高木和男『鵠沼海岸百年の歴史』鵠沼書店　昭和五六年
高橋一郎ほか『ブルマーの社会史―女子体育へのまなざし』青弓社　平成一七年
高群逸枝『高群逸枝全集』5　理論社　昭和四一年
棚橋絢子・山脇房子・嘉悦孝子『現代婦人訓』広文堂書店　明治四五年
塚谷裕一『漱石の白くない白百合』文芸春秋　平成五年
塚本はま子『家事教本』金港堂書籍　明治三三年
塚本はま子『実践家政学講義』参文舎　明治二九年

筑波大学近代文学研究会編『明治から大正へ―メディアと文学』筑波大学　平成一三年
津田英学塾編『津田英学塾四十年史』婦女新聞社　昭和一六年
坪谷善四郎『博文館五十年史』博文館　昭和一二年
坪谷善四郎『大橋佐平伝』栗田出版会　昭和四九年
坪谷善四郎『大橋新太郎伝』共同印刷　昭和六〇年
寺崎昌男・「文検」研究会編『「文検」の研究』学文社　平成九年
寺崎昌男・「文検」研究会編『「文検」試験問題の研究』学文社　平成一五年
東京女子高等師範学校編『東京女子高等師範学校六十年史』東京女子高等師範学校　昭和九年
富益良一『家庭園芸術』博文館　明治三八年
松岡李々子編『田中古代子集』鳥取文芸協会　昭和六一年
内藤千代子『生ひ立ちの記』牧民社　大正三年
内務省地方局有志編『田園都市』博文館　明治四〇年
長岡市役所編『長岡市史』長岡市役所　昭和六年
中嶌邦『近代婦人雑誌目次総覧』Ⅰ～Ⅲ期　大空社　昭和六〇・六一年
長野県教育史刊行会編『長野県教育史』第一二・一三巻　長野県教育史刊行会　昭和五二・五三年
成瀬仁蔵『女子教育』博文館　大正七年
西村茂樹『婦女鑑』宮内省　明治二〇年
西山悊治『女学校出の文子』内外出版協会　明治四四年
日本女子大学校編『日本女子大学校四拾年史』日本女子大学校　昭和一七年
日本洋服史刊行委員会編『日本洋服史』日本洋服史刊行委員会　昭和五二年
農商務省編『欧米巡回取調書』農商務省　明治二一年
野崎白庭『女学校の裏面』中央歌文会　大正二年
野辺地清江『女性解放思想の源流―巌本善治と『女学雑誌』』校倉書房　昭和五九年
芳賀登『良妻賢母論』雄山閣出版　平成二年

芳賀登ほか編『女性人名辞典』日本図書センター　平成一〇年
長谷川仁ほか編『長谷川時雨　人と生涯』ドメス出版　昭和五七年
羽仁もと子「半生を語る」『羽仁もと子著作集』第一四巻　婦人之友社　大正一五年（人間の記録44　日本図書センター　平成九年）
林尚男『評伝堺利彦』オリジン出版センター　昭和六二年
林房雄・土橋治重編『日本の風土記　湘南・箱根』宝文館　昭和三五年
飛鋪秀一編『愛国婦人会四十年史』愛国婦人会　昭和一六年
兵庫県明石女子師範学校編『回顧三拾年』兵庫県明石女子師範学校　昭和八年
平田由美『女性表現の明治史』岩波書店　平成一一年
ひろたまさき『差別の視線』吉川弘文館　平成一〇年
深谷昌志『良妻賢母主義の教育』黎明書房　昭和四一年（教育名著選集②　黎明書房　平成一〇年）
藤村善吉編『下田歌子先生伝』故下田校長先生伝記編纂所　昭和一八年
『婦女新聞』を読む会編著『『婦女新聞』と女性の近代』不二出版　平成九年
星野天知『黙歩七十年』聖文閣　昭和一三年
北海道庁立札幌・函館・小樽・旭川高等女学校校友会編『北海道婦女善行録』北海道庁　大正六年
甫守ふみ『新編家事教科書』上・下　晩成処　明治四四年
本田和子『女学生の系譜』青土社　平成二年
前田愛『女たちのロマネスク』光村図書　昭和五九年
前田愛『近代読者の成立』岩波書店　平成五年
正岡芸陽『婦人の側面』新声社　明治三四年
正岡芸陽『理想之女学生』岡島書店　明治三六年
松田ふみ子『婦人公論の五十年』中央公論社　昭和四〇年
松原岩五郎『女学生の栞』博文館　明治三六年
三井為友編『日本婦人問題資料集成』4　ドメス出版　昭和五二年
峯是三郎訳『手芸教育論』金港堂　明治二四年

三好信浩『日本の女性と産業教育』東信堂　平成一二年
三輪田学園百年史編集企画委員会『三輪田学園百年史』昭和六三年
民友社編『家庭之和楽』民友社　明治二七年
牟田和恵『戦略としての家族―近代日本の国民国家形成と女性』新曜社　平成八年
村井弦斎『下女読本』博文館　明治三六年
村上信彦『明治女性史』上～下巻　理論社　昭和四四～四七年
村上信彦『大正期の職業婦人』ドメス出版　昭和五八年
村田孜郎訳『支那女性生活史』大東出版社　昭和一六年
森明『月光の光』東亜堂書房　明治四一年
森銑三『明治東京逸聞史』1・2　平凡社　昭和四四年
森銑三『森銑三著作集』続編　第六巻　中央公論社　平成五年
森銑三・柴田宵曲『書物』岩波書店　平成九年
諸橋轍次『大漢和辞典』大修館書店　昭和三五年
文部省編『文部省年報』文部省　明治八～四五年
文部省編『英米独女子教育』文部省　明治三四年
文部省編『学制百年史』文部省　昭和四七年
文部省総務局翻訳『技芸教育調査委員第二報告書』文部省　明治一九年
文部省編輯局編『職業教育論』文部省　明治一七年
山川菊栄『山川菊栄集』6　岩波書店　昭和五七年
山川菊栄『武家の女性』岩波書店　昭和五八年
山口庸矩編『回顧三十年』札幌市立高等女学校　昭和一三年
山崎朋子『朝陽門外の虹』岩波書店　平成一五年
横井時敬『横井時敬博士全集』第七巻　横井全集刊行会　大正一四年
横田順彌『明治時代は謎だらけ』平凡社　平成一四年

吉岡弥生女史伝記編纂委員会編集『吉岡弥生伝』吉岡弥生伝伝記刊行会　昭和四二年（人間の記録63　日本図書センター　平成一〇年）
吉見周子『自立する女達』同成社　平成六年
渡辺学園創立百周年記念事業実行委員会年史編集委員会編『渡辺学園百年史』渡辺学園　昭和五六年
渡辺辰五郎編『裁縫教科書』巻一～三　私立東京裁縫女学校出版部　明治三〇年

論文等（著者名五十音順、刊行年順）

浅岡邦雄「長岡における大橋佐平・新太郎父子の出版活動」『日本出版史料』第八号　平成一五年
五十嵐圭「評伝水野仙子」『学苑』第二九四号　昭和三九年六月
石原千秋「『堕落女学生』は世間が作る」『本』第三五二号　平成一七年一一月
石原千秋「なぜ『社交』が必要だったのか」『本』第三五四号　平成一八年一月
石原千秋「不純な男女交際」『本』第三五五号　平成一八年二月
出雲朝子「『女学雑誌』にみる女性の論説的文章」『青山学院女子短期大学総合文化研究所年報』第七号　平成一一年
市原正恵「家政学のあけぼの―塚本ハマ小伝」『思想の科学』第一二一号　昭和五五年八月
井手文子「『主婦之友』」『文学』第二五巻第八号　昭和三三年八月
伊藤久美子「明治期における女性と職業」『昭和女子大学女性文化研究所紀要』第二五号　平成一二年
井上輝子「『女学』思想の形成と転回―女学雑誌社の思想的研究」『東京大学新聞研究所紀要』第一七号　昭和四三年
岩田秀行「『海老茶式部』攷―あるいは川柳的視点による明治三十年代女学生論」『言語と文芸』第八六号　昭和五三年
巌谷大四「出版文化を開拓した人々（4）」『総合ジャーナリズム研究』第五巻第四号　昭和四三年四月
植村千枝「家庭科教育における技能・技術3　宮城県を中心とした裁縫教育成立の背景」『宮城教育大学紀要』第二分冊第二一号　昭和六一年
浮須婦紗「『女大学』の評価について」『学苑』第四三五号　昭和五一年三月
牛込ちゑ「裁縫教育回顧五十年」『学苑』第二四五号　昭和三五年七月
牛込ちゑ「裁縫教育の変遷5」『学苑』第三五五号　昭和四四年七月
内海崎貴子「鳩山春子における女子教育思想の研究」『上智教育学研究』第八・九号　昭和五五・五八年

内海崎貴子「三輪田真佐子における女子教育思想の研究―『女訓の栞』に見られる女性観・家庭観を中心として」『上智教育学研究』第一〇号　昭和六〇年
大久保久雄「博文館関係資料　年表」『出版研究』第六号　昭和五〇年
小関三平「明治の『生意気娘』たち（上）～（下）」『女性学評論』第九～一一号　平成七～九年
大田英昭「堺利彦の『家庭』論」『倫理学年報』第五三号　平成一六年
尾中明代「黎明期の洋装とミシンについて」『東京家政大学研究紀要』第一一号　昭和四六年
小野貞子「明治初期における長野県の家事・裁縫教育1―裁縫教育について」『信州大学教育学部紀要』第二八号　昭和四七年
小野一成「『中等社会』の日常生活―女学世界を中心に」『風俗』第一八巻第三・四号　昭和五五年五月
香川由紀子「女学生のイメージ―表現する言葉の移り変わり」『言語と文化』第六号　平成一七年三月
桂田静枝「北海道初等教育における被服教育の変遷について」『北海道学芸大学紀要』第一部第一〇巻第二号　昭和三五年
加藤節子「雑誌『女学世界』にみる女子体育」『上智大学体育』第二〇号　昭和六一年
金井景子「自画像のレッスン―『女学世界』の投稿記事を中心に」『メディア・表象・イデオロギー―明治三十年代の文化研究』小沢書店　平成九年
金子幸子「大正期『主婦之友』と石川武美の思想」『歴史評論』第四一一号　昭和五九年七月
川口高風「変革期の仏教⑸明治期曹洞宗の活動―原坦山・大内青巒・大道長安」『大法輪』第六九巻第二号　平成一四年二月
川嶋保良「家庭・婦人欄の源流を探る（1）～（14）」『学苑』第六三七～六六五号　平成四年一二月～七年五月
木下比呂美「巌本善治の女子教育思想」『教育学研究』第五二巻第二号　昭和六〇年六月
木下比呂美「近代的婦人・家庭論の展開―堺利彦を中心として」『歴史評論』第四四六号　昭和六二年六月
木村涼子「婦人雑誌の情報空間と女性大衆読者層の成立―近代日本における主婦役割の形成との関連で」『思想』第八一二号　平成四年二月
葛井義憲「巌本善治と『女学雑誌』―『女学思想』とその展開」『名古屋学院大学論集』人文・自然科学篇第二四巻第一号　昭和六二年
倉田喜弘「明治初年の女性改良運動」『生活学』9　昭和五八年
紅野謙介「『中学世界』から『文章世界』へ―博文館・投書雑誌における言論編制」『文学』第四巻第二号　平成五年二月
紅野謙介「懸賞小説の時代―文学への投機」『語文』第一一三号　平成一四年六月

紅野敏郎「水野仙子遺稿集―叢文閣の『水野仙子集』」『国文学 解釈と鑑賞』第六六巻第一号 平成一三年一月
小正路淑泰「堺利彦の原風景―御変動とお座敷住まい」『初期社会主義研究』第九号 平成八年
小玉敏子「アンナ・H・キダーと駿台英和女学校」『英学史研究』第三三号 平成一二年
小山裕子「『各種学校ノ願伺届録』にみられる裁縫女学校の教育(1)―明治20年代の東京府を中心に―」第三一号『人間研究』平成七年
坂本佳鶴恵「女性雑誌の歴史分析」『お茶の水女子大学人文科学紀要』第五三号 平成一二年
坂本武人「徳富蘇峰の婦人論(上)」『キリスト教社会問題研究』第一八号 昭和四六年
佐藤裕紀子「雑誌『主婦之友』にみる大正期の新中間層主婦における家事労働観」『生活社会科学研究』第一〇号 平成一五年
佐藤裕紀子「大正期の新中間層における主婦の教育意識と生活行動」『日本家政学会誌』第四七〇号 平成一六年
佐藤りか「『清き誌上でご交際を』―明治末期少女雑誌投書欄に見る読者共同体の研究」『女性学』第四号 平成八年
志垣寛「女流教育家評伝―嘉悦孝子」『家庭科教育』第二九巻第一二号 昭和三〇年一二月
渋川久子「平安貴族社会における女子の教養について」『教育学研究』第二五巻第三号 昭和三三年六月
島立理子「『むら』の裁縫所」『町と村調査研究』第三号 平成一二年
島立理子「『まち』の裁縫所―その特色と役割」『民具研究』第一二八号 平成一五年九月
清水真弓「風景の中の女―大塚楠緒子覚え書き」『俳句』第一六巻第五号 昭和四二年五月
清水やすし「日清・日露期の『家』意識―婦人雑誌『女鑑』を中心にして」『法政史学』第四八号 平成九年
真銅正宏「小杉天外『魔風恋風』/通俗性の問題―明治大正流行小説の研究(二)」『言語文化研究』第二号 平成七年
新福祐子「家政科教員養成に関する研究―渡辺辰五郎氏による裁縫教員養成」『大阪教育大学紀要』第Ⅱ部門第四一巻第一号 平成四年

九月

菅谷直子「『主婦』という言葉について」『婦人問題懇話会会報』第二八号 昭和五三年
杉原四郎「明治20年代の経済雑誌―博文館の諸雑誌を中心として」『甲南経済学論集』第一一巻第一号 昭和四五年六月
杉原四郎「博文館の経済雑誌再論」『甲南経済学論集』第一二巻第四号 昭和四七年三月
鈴木裕子「堺利彦の女性論」『科学的社会主義』第七一号 平成一六年三月
関肇「明治三十年代の青年とその表現の位相―『中学世界』を視座として」『学習院大学文学部年報』第四〇号 平成五年
仙波千枝「家庭の趣味としての園芸―『婦女新聞』の例をとりあげて」『日本文化研究』第六号 平成七年

仙波千枝「『女学世界』にみる『女学』」『年報　新人文学』第一号　平成一七年
仙波千枝「札幌区立女子職業学校の設立と展開」『札幌の歴史』第四九号　平成一七年八月
仙波千枝「『女学世界』における内藤千代子」『藤沢市史研究』第三九号　平成一八年
高野修「内藤千代女・聞書」『さるびや』第八号　昭和四五年
高野俊「明治初期の女子教育と千葉県の裁縫教育」『和洋女子大学紀要』第二四巻第一号　昭和五八年
高橋一郎「明治期における『小説』イメージの転換―俗悪メディアから教育的メディアへ」『思想』第八一二号　平成四年二月
田中卓也「戦前期名古屋における女子実業教育―市邨芳樹の「女子商業学校」構想」『教育学研究紀要』第四八巻第一号　平成一四年
辻野功「安部磯雄の家庭論」『キリスト教社会問題研究』第二〇号　昭和四七年
常見育男「明治期家政教育の先覚　後閑菊野の人と業績と生涯」『家庭科学』第七九号　昭和五四年
中川浩一「共立女子職業学校裁縫科主任中川とう―ある女教師の数奇な生涯」『茨城大学教育学部紀要』人文・社会科学・芸術　第三五号　昭和六一年
中川裕美「『少女の友』と『少女倶楽部』における編集方針の変遷」『日本出版史料』第九号　平成一六年
中嶌邦「女子教育の体制化―良妻賢母主義教育の成立とその評価」『講座日本教育史』第三巻　第一法規出版　昭和五九年
永原和子「良妻賢母主義教育における『家』と職業」『日本女性史』4　東京大学出版会　昭和五七年
野田満智子「小学校教則綱領『家事経済』の系譜―イギリスの『ドメスチックエコノミー』との関連を中心として」『日本家庭科教育学会誌』第四一巻第三号　平成一〇年一〇月
野々山三枝「近代女流歌人　杉浦翠子の世界（一）（二）」『学苑』第七一八・七四〇号　平成一二年三月・一四年三月
長谷川時雨「処女上演当時の思ひ出話」『文章倶楽部』第一二巻第一一号　昭和二年一一月
長谷川時雨「うづみ火の記」『婦人公論』第二四巻第一〇号　昭和一四年一〇月
早野喜久江「『女学雑誌』にみる女性執筆者たちの人間形成（1）（2）」『相模女子大学紀要』60A・61A　平成八・九年
平石典子「『女学生神話』の誕生を巡って」『人文論叢』第一八号　平成一三年
平石典子「『堕落』する女学生―「女学生神話を巡る考察2」」『文芸言語研究　文芸篇』第四〇号　平成一三年
福井淳子「近代語『家庭』受容の様相―『文章世界』所載「新語彙」と『ホトトギス』投稿写生文」『武庫川国文』第五五号　平成一二年三月

福留美奈子「大分県における裁縫教育史(1)近代公教育制度における女子教育と裁縫女学校」『九州教育学会研究紀要』第二三号　平成七年
三好信浩「産業啓蒙家の女子職業教育論―女性と産業の教育関係史（第1報）」『甲南女子大学研究紀要』第三三号　平成八年
牟田和恵「『良妻賢母』の表裏」『近代日本文化論』8　岩波書店　平成一二年
村上淳子「都市生活における婦人の洋装―『主婦之友』にみる衣生活の変化」『風俗』第三三巻第一号　平成六年一〇月
村上淳子「奥むめおの志」『年報日本史叢』平成一二年
村木固「黄金時代の博文館」『日本古書通信』第三四巻第四号　昭和四四年四月一五日
森川理恵子「明治末・大正期の少女雑誌の世界―『少女の友』における『現実』と『虚構』」『人間発達研究』第二二号　平成一一年
山崎純一「明治における女子職業教育史の研究」『早稲田大学大学院文学研究科紀要』第一一号　昭和四一年
山本裕香ほか「シンガーミシン洋裁講習会の衣服雛形について」『武庫川女子大紀要』人文・社会科学編第四四号　平成八年
吉廻敏江「羽仁もと子と〝婦人之友〟―やりくりの歴史と家事家計運動」『思想の科学』第五次第六〇号　昭和四二年三月
渡辺宏「瓜生寅の履歴と著作」『日本古書通信』第四四巻第二号　昭和五四年二月
渡辺友希絵「明治期における『束髪』奨励―『女学雑誌』を中心として」『女性史学』第一〇号　平成一二年
「日本初の料理学校―赤堀料理学園を訪ねる」『コミュニティ』第一三〇号　平成一四年

索　　引

—事項・人名—

事　項

あ　行

か　行

さ　行

た　行

な　行

は　行

ま　行

や　行

ら　行

わ　行

人　名

あ　行

か行

さ　行

た　行

な　行

は　行

ま　行

や　行

わ　行

著者略歴
仙波　千枝（せんば　ちえ）
一九六八年山口県に生まれる
一九九二年筑波大学第二学群日本語・日本文化学類卒業、一九九四年筑波大学大学院博士課程歴史・人類学研究科中退（修士〈学術〉）、二〇〇七年北海学園大学大学院文学研究科博士（後期）課程修了　博士（文学）
現在　ホーチミン市師範大学内G・H・S南学日本語クラス講師

良妻賢母の世界―近代日本女性史
二〇〇八年十月十六日　第一刷
著者　仙波千枝
発行所　慶友社
〒一〇一―〇〇五一
東京都千代田区神田神保町二―四九
電話　〇三―三二六一―一三六一
FAX　〇三―三二六一―一三六九
印刷・製本／亜細亜印刷（株）
装丁／中村泰充

ISBN 978-4-87449-092-1 C1021